CM1 9-10 A

Chouette

Dictées

Sophie Valle
Enseignante

*écris
ton prénom*

liara

CW00515911

Ton tableau de bord

Reporte la date à laquelle tu as fini chaque page d'exercices ou dictée.

CONJUGAISON

		DATE
1 Le présent de l'indicatif des verbes **être** et **avoir**	**p. 8**	....
2 Le présent de l'indicatif du verbe **se réveiller**	**p. 10**	....
3 Le présent de l'indicatif des verbes **vouloir** et **pouvoir**	**p. 12**	....
4 Le présent de l'indicatif des verbes **sortir** et **entendre**	**p. 14**	....
5 L'imparfait de l'indicatif des verbes **avoir**, **être** et **vivre**	**p. 18**	....
6 L'imparfait de l'indicatif des verbes **venir** et **faire**	**p. 20**	....
7 L'imparfait de l'indicatif des verbes **aller** et **entendre**	**p. 22**	....
8 L'imparfait de l'indicatif des verbes **pouvoir** et **vouloir**	**p. 24**	....
9 L'imparfait de l'indicatif des verbes en **-cer** et **-ger**	**p. 26**	....
10 Le futur simple des verbes **avoir** et **être**	**p. 30**	....
11 Le futur simple des verbes **appeler** et **s'envoler**	**p. 32**	....
12 Le futur simple des verbes **aller** et **venir**	**p. 34**	....
13 Le futur simple des verbes **voir** et **prendre**	**p. 36**	....
14 Le passé composé avec **avoir** ou **être**	**p. 40**	....
15 Le passé composé avec **avoir**	**p. 42**	....
16 L'imparfait et le passé composé	**p. 44**	....
17 Les temps simples et les temps composés de l'indicatif	**p. 46**	....
18 Le passé simple des verbes **avoir** et **être**	**p. 48**	....
19 L'imparfait de l'indicatif et le conditionnel présent	**p. 52**	....
20 L'imparfait et le passé simple	**p. 54**	....
21 Le présent et le passé simple du verbe **faire**	**p. 56**	....
22 Le présent et le passé composé	**p. 58**	....
23 Les présents de l'indicatif et de l'impératif	**p. 60**	....

ORTHOGRAPHE

		DATE
1 **et** ou **est**	**p. 8**	....
2 **m** devant **m**, **b** et **p**	**p. 10**	....
3 L'accord du verbe avec son sujet	**p. 12**	....
4 **sont** ou **son**	**p. 14**	....
5 Le pluriel des noms (1)	**p. 18**	....
6 Le pluriel des noms (2)	**p. 20**	....
7 Les verbes commençant par **at-**	**p. 22**	....
8 L'accord de l'adjectif qualificatif (1)	**p. 24**	....
9 L'accord de l'adjectif qualificatif (2)	**p. 26**	....
10 L'emploi des majuscules	**p. 30**	....
11 Les mots commençant par **ap-**	**p. 32**	....
12 Les noms féminins terminés par le son « **é** »	**p. 34**	....
13 Les préfixes	**p. 36**	....
14 L'accord du participe passé	**p. 40**	....
15 L'accord du participe passé construit avec **avoir**	**p. 42**	....
16 Les homonymes	**p. 44**	....
17 Le sujet et le complément d'objet direct (COD)	**p. 46**	....
18 Les mots invariables	**p. 48**	....
19 Les suffixes	**p. 52**	....
20 Les familles de mots	**p. 54**	....
21 **ce** ou **se**	**p. 56**	....
22 Les noms en **-eil** et **-euil**	**p. 58**	....
23 L'accord de l'adjectif qualificatif (3)	**p. 60**	....

© Hatier, 8 rue d'Assas, 75006 Paris • 2014 • ISBN : 978-2-218-97007-8
Conception graphique : Frédéric Jély • Édition : Imaginemos • Mise en page : STDI
• Illustrations : Karen Laborie • Chouettes : Adrien Siroy.

Hatier s'engage pour l'environnement en réduisant l'empreinte carbone de ses livres. Celle de cet exemplaire est de : 300 g éq. CO_2 Rendez-vous sur www.hatier-durable.fr

PAPIER À BASE DE FIBRES CERTIFIÉES

Achevé d'imprimer par Pollina à Luçon - L11038 - France
Dépôt légal 97007-8/01 - Novembre 2013.

| Bilan 1 .... p. 16 | Bilan 2 .... p. 28 | Bilan 3 .... p. 38 | Bilan 4 .... p. 50 | Bilan 5 .... p. 62 |

DICTÉES PRÉPARÉES

		DATE
Dans le train	p. 9	....
Le chapeau	p. 11	....
Au voleur !	p. 13	....
Des chocolats	p. 15	....
Les Gaulois	p. 19	....
Charlemagne	p. 21	....
Les grandes découvertes	p. 23	....
Napoléon Ier	p. 25	....
Marie Curie	p. 27	....
Les voyageurs de l'espace	p. 31	....
À bord	p. 33	....
L'arrivée sur Mars	p. 35	....
À la télévision	p. 37	....
Les marchés	p. 41	....
Une visite	p. 43	....
Le conteur	p. 45	....
Le magicien	p. 47	....
La Petite Sirène (D'après Andersen)	p. 49	....
Le roi malheureux	p. 53	....
Comme dans un conte	p. 55	....
Un journal	p. 57	....
L'écureuil (D'après M. Genevoix)	p. 59	....
Le ver luisant	p. 61	....

DICTÉES NON PRÉPARÉES

		DATE
La chouette	p. 9	....
Le chat	p. 11	....
Des perruches et un perroquet	p. 13	....
Le loup	p. 15	....
Jusqu'en Chine (D'après Marco Polo)	p. 19	....
Le trésor du calife (D'après Marco Polo)	p. 21	....
Le Seigneur des Seigneurs (D'après Marco Polo)	p. 23	....
Les missions de Marco Polo (D'après Marco Polo)	p. 25	....
Monsieur Million (D'après Marco Polo)	p. 27	....
Des petits Versailles	p. 31	....
L'ordinateur	p. 33	....
Cher oncle Albert	p. 35	....
Un déménagement	p. 37	....
La bougie	p. 41	....
Un tournoi mortel	p. 43	....
Roi de France et de Navarre	p. 45	....
Le sorcier et son apprenti	p. 47	....
L'apprenti sorcier	p. 49	....
Dorothée et le lion (D'après L. Franck Baum)	p. 53	....
Mozart	p. 55	....
Le Roi-Soleil	p. 57	....
Robin des Bois	p. 59	....
Le chanteur	p. 61	....

Mémo Chouette ...... p. 64

Corrigés .... dans le livret détachable au centre du cahier.

« Chouette bilan » : rendez-vous sur le site www.hatier-entrainement.com pour faire le bilan de tes connaissances en orthographe !

TEST

Avant de commencer les exercices et les dictées de ton cahier, réponds à ces questions. Puis consulte le tableau p. 6 pour découvrir les résultats de ton test d'orthographe !

1 Les mots commençant par **ap-** ont souvent deux **p**.
VRAI ☐ FAUX ☐

2 On écrit **apprendre**, avec deux **p**, mais **apercevoir**, avec un seul **p**.
VRAI ☐ FAUX ☐

3 Dire / **redire** : **re-** est un suffixe.
VRAI ☐ FAUX ☐

4 Les mots commençant par **at-** ont souvent deux **t**.
VRAI ☐ FAUX ☐

5 Fille / **fillette** : **-ette** est un préfixe.
VRAI ☐ FAUX ☐

6 Les mots commençant par **af-** ont souvent deux **f**.
VRAI ☐ FAUX ☐

7 On écrit **affirmer**, avec deux **f**, mais **afin**, avec un seul **f**.
VRAI ☐ FAUX ☐

8 **Impossible** : on écrit **m** avant **m**, **b** et **p**.
VRAI ☐ FAUX ☐

9 Les **préfixes** se placent à la fin du mot.
VRAI ☐ FAUX ☐

10 Ce / se : on écrit **se** devant un nom.
VRAI ☐ FAUX ☐

11 Ce / se : on écrit **ce** devant un verbe.
VRAI ☐ FAUX ☐

12 On écrit : **Ce matin, il se lève.**
VRAI ☐ FAUX ☐

13 Ces / ses : c'est le singulier de **ce / se**.
VRAI ☐ FAUX ☐

14 Ou / où : on peut remplacer **ou** par **ou bien**.
VRAI ☐ FAUX ☐

15 A / à : on peut remplacer **a** par **avait**.
VRAI ☐ FAUX ☐

16 **Presque**, **enfin** sont des mots que l'on peut écrire au pluriel.
VRAI ☐ FAUX ☐

17 On entend le même son dans « **soleil** » et « **écureuil** ».
VRAI ☐ FAUX ☐

18 On met une **majuscule** aux noms communs.
VRAI ☐ FAUX ☐

19 On met une **majuscule** en début de phrase.
VRAI ☐ FAUX ☐

20 Le signe ! est un point d'interrogation.
VRAI ☐ FAUX ☐

21 Avant les noms communs, on trouve **je**, **tu** ou **il**.
VRAI ☐ FAUX ☐

22 Au pluriel, on écrit **écoles** et **classes** avec un **s**.
VRAI ☐ FAUX ☐

23 Tous les noms prennent un **s** au pluriel.
VRAI ☐ FAUX ☐

24 **Méchant** est un adjectif qualificatif.
VRAI ☐ FAUX ☐

25 Le groupe nominal **petite fille** ne change pas au pluriel.

VRAI ☐   FAUX ☐

26 L'**adjectif qualificatif** s'accorde avec le nom.

VRAI ☐   FAUX ☐

27 L'adjectif **grand** a un féminin et un pluriel.

VRAI ☐   FAUX ☐

28 Les adjectifs **petit** et **grand** prennent un **s** au pluriel.

VRAI ☐   FAUX ☐

29 **Vite** et **heureusement** sont des verbes.

VRAI ☐   FAUX ☐

30 **Chou** et **genou** prennent un **s** au pluriel.

VRAI ☐   FAUX ☐

31 **Clou** et **cou** prennent un **s** au pluriel.

VRAI ☐   FAUX ☐

32 **Mais**, **et**, **donc**, **ni** sont invariables.

VRAI ☐   FAUX ☐

33 **Chanter** : ce verbe est à l'infinitif.

VRAI ☐   FAUX ☐

34 **Je**, **tu**, **il**, **ils** sont des noms.

VRAI ☐   FAUX ☐

35 Après **je** et **il**, le verbe **chanter** au présent se termine par un **s**.

VRAI ☐   FAUX ☐

36 On écrit **tu chantes** au présent.

VRAI ☐   FAUX ☐

37 Au présent, on écrit **je finis**, **tu finis**.

VRAI ☐   FAUX ☐

38 Après **ils**, le verbe **donner** se termine par un **e** au présent.

VRAI ☐   FAUX ☐

39 **Aller** se conjugue comme **chanter**.

VRAI ☐   FAUX ☐

40 **On finit** : **on** est le sujet de **finit**.

VRAI ☐   FAUX ☐

41 **On me voit** : **me** est le sujet de **voit**.

VRAI ☐   FAUX ☐

42 **Je le dis** : **je** est le sujet de **dis**.

VRAI ☐   FAUX ☐

43 **Je copierai** : ce verbe est au présent.

VRAI ☐   FAUX ☐

44 **J'ai cherché** : ce verbe est à l'imparfait.

VRAI ☐   FAUX ☐

45 **Viens !** Ce verbe est à l'impératif.

VRAI ☐   FAUX ☐

46 Au présent, on écrit **je peux / tu peux**.

VRAI ☐   FAUX ☐

47 **Vouloir** se conjugue comme **pouvoir**.

VRAI ☐   FAUX ☐

48 **Je chantais** : ce verbe est au présent.

VRAI ☐   FAUX ☐

49 **Chanté** est le participe passé de **chanter**.

VRAI ☐   FAUX ☐

50 Le **participe passé** ne s'accorde jamais.

VRAI ☐   FAUX ☐

Résultats du test p. 6 ➜

Résultats du  TEST

Si ta réponse est bonne, coche la case située à côté.

1	VRAI	❏	11	FAUX	❏	21	FAUX	❏	31	VRAI	❏	41	FAUX	❏
2	VRAI	❏	12	VRAI	❏	22	VRAI	❏	32	VRAI	❏	42	VRAI	❏
3	FAUX	❏	13	FAUX	❏	23	FAUX	❏	33	VRAI	❏	43	FAUX	❏
4	VRAI	❏	14	VRAI	❏	24	VRAI	❏	34	FAUX	❏	44	FAUX	❏
5	FAUX	❏	15	VRAI	❏	25	FAUX	❏	35	FAUX	❏	45	VRAI	❏
6	VRAI	❏	16	FAUX	❏	26	VRAI	❏	36	VRAI	❏	46	VRAI	❏
7	VRAI	❏	17	FAUX	❏	27	VRAI	❏	37	VRAI	❏	47	VRAI	❏
8	VRAI	❏	18	FAUX	❏	28	VRAI	❏	38	FAUX	❏	48	FAUX	❏
9	FAUX	❏	19	VRAI	❏	29	FAUX	❏	39	FAUX	❏	49	VRAI	❏
10	FAUX	❏	20	FAUX	❏	30	FAUX	❏	40	VRAI	❏	50	FAUX	❏

Si tu as entre 40 et 50 bonnes réponses

Bravo ! C'est très bien ! Et tu vas apprendre encore plus avec ce cahier ! Quand tu auras fait les exercices et la dictée préparée, tu pourras aussi demander à un adulte de te dicter les dictées non préparées situées en bas de chaque double page pour progresser davantage.

Si tu as entre 25 et 39 bonnes réponses

C'est bien ! Les exercices et les dictées préparées proposés dans ce cahier vont te permettre de réviser quelques notions d'orthographe, de grammaire ou de conjugaison que tu avais peut-être oubliées... Aide-toi du sommaire des pages 2 et 3 pour bien approfondir ces chapitres en priorité.

Si tu as entre 1 et 24 bonnes réponses

Ce cahier va être très utile pour t'aider à préparer les dictées proposées. Lis à chaque fois attentivement les encadrés leçon. Ensuite seulement tu pourras faire les exercices de préparation, puis la dictée préparée. N'oublie pas de te reporter aux pages Mémo à la fin de l'ouvrage.

Sur le site **www.hatier-entrainement.com**, tu trouveras aussi des dictées enregistrées pour t'entraîner.

Présentation

Ce cahier aidera votre enfant à consolider ses acquis et à s'évaluer en **orthographe** durant son année de **CM1**. En effet, il ne suffit pas d'apprendre ses leçons : il faut aussi pratiquer et s'entraîner.

▶ Chaque chapitre comporte 2 pages.

▶ Sur chaque double page, deux notions sont traitées et expliquées.

▶ Les exercices et les dictées reprennent de façon systématique toutes les notions abordées en classe.

▶ Ils assurent ainsi, par une mise en application répétée de la règle, une parfaite acquisition des connaissances et des savoir-faire attendus.

■ Avant de commencer les exercices du cahier, votre enfant peut faire le **test d'orthographe** pages 4 et 5 pour évaluer son niveau. En fonction de ses résultats (page 6), et en consultant ensuite le sommaire des pages 2-3, vous pourrez facilement repérer les notions à réviser en priorité. Cependant, il lui est également possible de travailler sur les chapitres dans l'ordre où ils sont proposés.

■ Pour chaque chapitre, à titre de préparation de la dictée, la rubrique JE COMPRENDS propose à votre enfant une **leçon** de **conjugaison** et d'**orthographe d'usage**, suivie d'**exemples**. Très souvent, un CONSEIL PARENTS vous donnera une information pour vous aider à accompagner votre enfant dans son apprentissage de l'orthographe : cela peut être un conseil pratique, ou des exemples à prendre dans la vie quotidienne...

■ Puis des **exercices** reprennent méthodiquement les deux notions abordées dans la double page de manière à optimiser l'assimilation des connaissances. Une petite ASTUCE , sur fond bleu, donne régulièrement à votre enfant un coup de pouce pour l'aider à résoudre un exercice.

■ Chaque leçon propose également une **dictée préparée** et une **dictée non préparée**. Vous pourrez lire le texte en entier à votre enfant, puis le reprendre phrase par phrase, en lui laissant le temps d'écrire chaque phrase dictée, avant une relecture finale. Si la dictée est notée sur 10, on ôtera 2 points par faute de conjugaison ou d'accord (singulier/pluriel), 1 point par faute d'orthographe d'usage (sons mal orthographiés, lettres oubliées...). Si votre enfant a fait plus de 5 fautes, demandez-lui de recopier la dictée.

■ Au centre du cahier, les **corrigés détachables** permettent la vérification des acquis et l'évaluation des résultats par votre enfant seul ou aidé d'un adulte.

■ Sur les dernières pages de ce cahier, votre enfant trouvera un **Mémo** et les conjugaison des verbes qu'il doit impérativement connaître.

■ Votre enfant pourra s'entraîner encore davantage grâce à des exercices supplémentaires et gratuits, ainsi que des dictées enregistrées, proposés sur le site www.hatier-entrainement.com.

1 Préparation à la dictée

JE COMPRENDS

▶ **Le présent de l'indicatif des verbes être et avoir**

Il est grand. Il a douze ans.

ÊTRE		AVOIR	
je **suis**	nous **sommes**	j'**ai**	nous **avons**
tu **es**	vous **êtes**	tu **as**	vous **avez**
il (elle) **est**	ils (elles) **sont**	il (elle) **a**	ils (elles) **ont**

Apprends par cœur la conjugaison de ces verbes puis récite-la.

▶ **et ou est**

– **et** sert à relier deux mots ou deux phrases. On peut le remplacer par **et puis**.

J'ai un chien **et** un chat.

– **est** est la 3e personne du singulier du verbe **être** au présent.
On peut le remplacer par **était**. Il **est** là.

CONSEILS PARENTS

Chaque leçon se compose de deux parties : une conjugaison puis une question d'orthographe. Lisez ces deux points avec votre enfant. Demandez-lui aussi de réciter la conjugaison.

1 **Le présent de l'indicatif. Emploie le sujet indiqué, comme dans l'exemple :**
Je fais attention. → Nous faisons attention.

● Je suis heureux. → Il ....

● Ils sont seuls. → Nous ....

● Il nous laisse partir. → Nos parents ....

2 **et ou est ? Complète les phrases.**

● Vénus .... Mercure sont deux planètes du système solaire.

● Il .... temps de te mettre au travail !

● La sarcelle .... un canard de petite taille.

3 **Les mots difficiles. Complète le texte avec les mots suivants :**
chance – attention – alors – beaucoup – quai – vieille – il faut le réveiller.

À minuit, le train s'arrête dans une petite gare perdue dans la montagne. Il n'y a

personne sur le .... C'est pourtant là que l'enfant qui voyage seul doit

descendre, pense le contrôleur. Vite, ... !

« Fais ...., lui dit-il, car il y a .... de malfaiteurs

dans cette région. » « Par ...., répond l'enfant, je n'ai jamais peur,

.... rien ne m'arrivera ! » Il prend sa .... valise,

descend et s'éloigne.

Tu retrouveras tous les mots difficiles de cet exercice dans la dictée préparée p. 9.

Dans le train

Enfin, nous sommes dans le train. Mon frère est très heureux et moi aussi. Nos parents, qui nous laissent partir seuls pour la première fois, font de grands signes d'adieu depuis le quai.

Maintenant, nous nous installons. Par chance, il n'y a pas beaucoup de monde dans notre voiture : seulement une vieille dame et elle dort. Alors, attention ! Il ne faut pas la réveiller.

à suivre...

4 **et ou est ? Complète le texte suivant en utilisant est ou et.**

C'........ moi qui, chaque jour, vais acheter le pain .... c'........ ma grande sœur qui

va chercher le lait. Un jour, j'ai demandé à la boulangère : « Mais le pain que vous

vendez, comment ....-il fabriqué ? » « Tu veux le savoir ? » a dit la boulangère.

« C'........ facile. Mon mari .... là, justement. C'........ lui le boulanger ! »

5 **Le présent de l'indicatif.**
Complète les phrases en écrivant le verbe être au présent de l'indicatif.

● Je .... ronde, bleue et il me faut un an pour faire le tour du Soleil. Qui

.............-je ? ● Rappelez-vous que nous .... à votre entière disposition.

● Christophe .... un bon navigateur. ● Est-ce que vous .... d'accord

avec moi ? ● Toi, tu .... mon meilleur ami. ● Chloé et Marie .... les

deux plus jeunes sœurs de Marion. ● Caroline .... à Paris pour les vacances.

Et maintenant, fais-toi dicter le texte ci-dessous.

La chouette

[texte imprimé à l'envers]

La chouette est un oiseau qui aime voler la nuit et dormir le jour. Elle voit très bien dans le noir et elle chasse à la lueur des étoiles. Elle a beaucoup de grosses plumes blanches et grises et de grandes ailes. La chouette est un peu sauvage. Elle n'aime pas qu'on la regarde. Elle cache son nid au creux de vieux arbres, sous les toits ou dans les clochers. Comme le hibou, son cousin, elle est très utile avec les souris.

Préparation à la dictée

JE COMPRENDS

▶ **Le présent de l'indicatif du verbe** se réveiller

Je me réveille à 7 heures.

SE RÉVEILLER	
je me réveill**e**	nous nous réveill**ons**
tu te réveill**es**	vous vous réveill**ez**
il (elle) se réveill**e**	ils (elles) se réveill**ent**

Apprends par cœur la conjugaison de ce verbe puis récite-la.

▶ **m devant m, b et p**

On écrit **m** au lieu de **n** devant **m**, **b** et **p**. une e**n**trée – le cha**n**teur – e**n**tendre

mais e**m**mener – e**m**mêler – ense**m**ble – co**m**pagnon – ca**m**pagne

Sauf dans quelques mots comme :

bo**n**bon – bo**n**bonnière – bo**n**bonne – néa**n**moins…

1 **Le présent de l'indicatif.**
Transforme les phrases suivantes avec le sujet indiqué.

● Les images défilent sous nos yeux. → Le paysage ....

● Nous descendons tranquillement le chemin. → Je ....

● Les feuilles s'envolent à cause du vent. → Le chapeau ....

● Tu te réveilles de bonne humeur. → La dame ....

2 **n ou m ? Complète les mots suivants par n ou m.**

Je m'i......stalle co......fortablement dans mon co......partiment. Je m'étire et je

me déte......ds en regardant la ca......pagne. Il me se......ble même que je vais

m'e......dormir. J'en suis co......tent, car dormir fait passer le te......ps.

3 **Mots manquants.**
Complète les phrases (un même mot peut convenir plusieurs fois) avec :
de – à – dans – avec – qui – que – sur – du.

Le capitaine Nemo est le commandant .... Nautilus.

Le capitaine Nemo invite Monsieur le Professeur Aronnax .... une partie

.... chasse .... aura lieu demain matin .... ses forêts,

.... l'île Crespo. Il espère .... rien ne l'empêchera d'y assister,

et il verra .... plaisir ses compagnons se joindre .... lui.

D'après **Jules Verne**, *20 000 lieues sous les mers*.

DICTÉE PRÉPARÉE

Le chapeau

Le temps nous semble long. Voici deux heures que nous sommes dans le train. Le paysage défile sous nos yeux. Pour mieux voir, je descends la vitre du compartiment. Mais la porte en face est ouverte et voilà que le chapeau de la vieille dame s'envole dans le couloir. Elle se réveille, se met à hurler et crie : « Au voleur ! »

à suivre...

4 **Le présent de l'indicatif. Mets les phrases au présent de l'indicatif.**

● Hier, je me suis réveillée de bonne humeur. D'habitude, je ....

....

● Il y a deux heures à peine, tu descendais la rue en bicyclette. À présent ....

....

● Il me semblait que le temps ne passait pas vite !

....

● Les animaux passaient lentement, au loin le soleil descendait sur l'horizon.

....

En début de phrase, utilise des mots qui annoncent le présent : **aujourd'hui**, **maintenant**, **à présent**, **en ce moment**, etc.

5 **m devant m, b et p. Entoure les mots avec m devant m, b et p et recopie-les.**

abandonner – rassembler – ressembler – endormir – flamber – tranquille – embellir – la campagne – emmêler – implorer – le champ – emmitoufler – ensemble – compliquer – entourer – emmener – embarquer – employer – anglais – impossible – immangeable

Et maintenant, fais-toi dicter le texte ci-dessous.

DICTÉE NON PRÉPARÉE   **Le chat**

Les chats habitent dans les maisons, avec nous. Ils miaulent et ronronnent. Ils sont doux et gentils, mais parfois ils griffent. Il y a des chats blancs, des chats bleus, des chats gris, des chats roux, mais il faut faire attention aux chats noirs, qui peuvent jeter de mauvais sorts. Mon chat à moi est très intelligent. Quand je lui parle, il m'écoute. Si je sors, il m'attend et il court quand je reviens !

Corrigés p. 2

DICTÉE

3 Préparation à la dictée

JE COMPRENDS

▸ **Le présent de l'indicatif des verbes vouloir et pouvoir**

Je veux, je peux.

VOULOIR		POUVOIR	
je veu**x**	nous voul**ons**	je peu**x**	nous pouv**ons**
tu veu**x**	vous voul**ez**	tu peu**x**	vous pouv**ez**
il (elle) veu**t**	ils (elles) veul**ent**	il (elle) peu**t**	ils (elles) peuv**ent**

Apprends par cœur la conjugaison de ces verbes puis récite-la.

▸ **L'accord du verbe avec son sujet**
Le verbe s'accorde toujours avec son sujet **aux temps simples (présent, imparfait, futur...)**. On trouve le sujet en posant la question **Qui est-ce qui ?** (ou **Qu'est-ce qui ?**) avant le verbe.

L'enfant regarde. (Qui est-ce qui regarde ? L'enfant.)

Les enfants regardent. (Qui est-ce qui regarde ? Les enfants.)

CONSEILS PARENTS

Ces deux verbes sont particuliers à cause des deux premières personnes du singulier : je / tu veux et je / tu peux avec un x. Demandez à votre enfant de réciter ces conjugaisons. Lisez le 2ᵉ point à votre enfant en lui donnant d'autres exemples.

1 **Les verbes au présent de l'indicatif.**
Complète les phrases avec les verbes suivants :
crie – dit – a – est – regarde – arrive – continue.

● Il y .... du brouillard.

● Il .... midi.

● Elle .... et appelle au secours.

● Je .... la personne qui .... devant la maison :

va-t-elle s'arrêter ? Non, elle .... son chemin.

● L'ogre respire fortement : « Je sens de la chair fraîche », ...-il.

2 **Les mots difficiles.**
Complète le texte avec les mots suivants :
commencer – tous – plus fort – ici – mais.

« Mesdames et Messieurs, dit le présentateur, avant de .... ,

nos artistes ont besoin de vos applaudissements. Voyons, ... ,

on ne vous entend pas ! Maintenant, bonjour à .... Vous savez

que nous ne sommes pas .... pour parler de choses tristes ou trop

sérieuses, ... pour passer deux heures dans la bonne humeur.

Alors accueillons sans tarder nos artistes ! »

Lis toute la phrase avant d'écrire le mot qui la complétera. Barre aussitôt dans la liste le mot que tu as choisi.

DICTÉE PRÉPARÉE ## Au voleur !

— Où est mon chapeau ? continue de crier la vieille dame. Où est mon sac ? Où sont mes bagages ? Il y a un voleur ici ! Le contrôleur arrive. Il nous regarde, mon frère et moi, d'un air terrible.

— Pour commencer, dit-il, je veux voir vos billets à tous. Mais la dame crie plus fort encore. Elle n'a plus de billet non plus. Au voleur !

à suivre...

à suivre...

CONSEILS PARENTS

Avant de dicter le texte à votre enfant, lisez-le à haute voix en vous arrêtant pour lui poser des questions. Demandez-lui par exemple comment il écrira : où est, où sont, contrôleur, pour commencer, plus fort.

3 **Le présent de l'indicatif.**
Écris les verbes entre parenthèses au présent de l'indicatif.

● Dans le garage de sa maison de campagne, Théo (*réparer*) ....

sa bicyclette ; il (*souhaiter*) .... avoir fini dans la journée.

● Elle (*continuer*) .... toute seule à poser des étagères et (*utiliser*)

.... tous les outils. ● En partant à 8 heures, les enfants (*arriver*)

.... à l'heure pour l'exposition.

4 **L'accord du sujet et du verbe.**
Entoure le verbe et souligne son sujet dans chaque phrase.

● Dans la forêt, les sangliers cherchent leur nourriture.

● Toutes les planètes du système solaire tournent autour du Soleil.

● Voulez-vous encore du chocolat ? – Oui, je veux bien.

Pour trouver le **sujet** du verbe, n'oublie pas de te poser la question : **Qui est-ce qui ?** Par exemple : Qui est-ce qui cherche sa nourriture ?

Et maintenant, fais-toi dicter le texte ci-dessous.

DICTÉE NON PRÉPARÉE ## Des perruches et un perroquet

« Chez moi, j'ai deux perruches blanches. Elles sont très belles

— Moi j'ai un perroquet rouge, bleu et jaune dans une grande cage dorée. Et il parle !

— Il parle avec des mots ?

— Oui, avec des mots comme : « Bonjour », « Au revoir », « Merci » ou « Tu es très beau ». Il répète aussi fort bien les phrases qu'il entend. Si tu veux venir chez moi, je t'invite. Tu vas voir : mon perroquet est l'oiseau le plus drôle du monde ! »

Corrigés p. 2

Plus d'exercices et de conseils sur www.hatier-entrainement.com

4

Préparation à la dictée

JE COMPRENDS

◗ **Le présent de l'indicatif des verbes sortir et entendre**

Maintenant, je sors.

	SORTIR		ENTENDRE
je sor**s**	nous sort**ons**	j'enten**ds**	nous entend**ons**
tu sor**s**	vous sort**ez**	tu enten**ds**	vous entend**ez**
il (elle) sor**t**	ils (elles) sort**ent**	il (elle) enten**d**	ils (elles) entend**ent**

Apprends par cœur la conjugaison de ces verbes puis récite-la.

◗ **sont ou son**

Il ne faut pas confondre :

– **sont**, verbe **être**, indicatif présent, 3ᵉ personne du pluriel, qui peut être remplacé par **étaient**. Les oiseaux **sont** *(étaient)* sur la branche.

– **son**, adjectif possessif, qui veut dire **le sien**.

Il est venu avec **son** frère. *(le sien)*

---

1 **Le présent de l'indicatif**
Transforme les phrases suivantes en utilisant le sujet indiqué.

● J'ai raison de garder mon calme. → Nous ....

● Il est sous le fauteuil. → Ils ....

● Vous dormez à poings fermés. → On ....

● Vous n'entendez rien. → Je ....

● Je sors, même sous la pluie. → Tu ....

● Nous en offrons à tout le monde. → Elle ....

2 **sont ou son ? Complète le texte avec sont ou son.**

Cet homme n'a retrouvé ni .... imperméable ni .... chapeau.

Le plus étonnant, c'est qu'il n'a pas non plus retrouvé sa voiture ! ....

frère, qui connaît .... étourderie et .... inattention, a téléphoné

aux gendarmes. Ceux-ci .... à la recherche de l'automobile volée.

Mais ils .... très ennuyés, car notre homme n'a su dire ni ....

numéro d'immatriculation ni sa couleur ! Pour tout dire, il ne se souvient même pas

très bien où .... les papiers prouvant que la voiture en question

lui appartient !

DICTÉE PRÉPARÉE **Des chocolats**

CONSEILS PARENTS
Avant de dicter le texte à votre enfant, lisez-le à haute voix en vous arrêtant pour lui poser des questions. Demandez-lui par exemple comment il écrira : je dors, j'entends, elle entend, soudain, elle se rappelle, fauteuil, mon réveil...

Le contrôleur reste calme. Il a raison, car soudain, la dame se frappe le front. Ses bagages ? Elle se rappelle maintenant qu'ils sont sous le fauteuil d'à côté, cachés sous son manteau. Son billet ? Il est là, dans sa poche. Elle explique :
— Quand je dors, je n'entends rien, j'oublie tout et, à mon réveil, je ne sais même plus où je suis !
Et, pour se faire pardonner, elle sort de sa valise une énorme boîte pleine de chocolats et elle en offre à tout le monde.

FIN

3 **Les synonymes. Trouve dans la dictée un mot voulant dire la même chose que :**

- tranquille, maître de lui = ...
- tout à coup = ...
- se souvenir = ...
- donner = ...

4 **Les antonymes. Trouve dans la dictée un mot voulant dire le contraire de :**

- Il a tort. ≠ ....
- Elle oublie. ≠ ....
- Sur le fauteuil. ≠ ....
- Elle met dans sa valise. ≠ ....

5 **Le présent de l'indicatif.**
Complète les phrases en mettant les verbes entre parenthèses au présent.

- Vous n'(*entendre*) .... pas ?
- Il (*suspendre*) .... le tableau dans sa chambre.
- Ils (*fendre*) .... des bûches pour les mettre dans la cheminée.

Quand tu écris un verbe au **présent**, imagine que chaque phrase commence par **Maintenant**.

Et maintenant, fais-toi dicter le texte ci-dessous.

DICTÉE NON PRÉPARÉE **Le loup**

[texte imprimé à l'envers]
Le loup est fort, adroit et très dangereux. Il mange des chèvres, comme dans les contes de Monsieur Seguin, ou même des enfants, comme dans le petit Chaperon rouge. Des sorciers peuvent se transformer en loups et hurler, la nuit, dans les campagnes et les forêts pour terroriser les voyageurs égarés. Heureusement, il existe des charmeurs de loups qui transforment ces bêtes sauvages en animaux doux comme des agneaux.

Bilan

1 Le présent de l'indicatif
Écris le présent de l'indicatif de ces verbes aux trois personnes du singulier.
Compte 1 point par bonne réponse.

	Être	Avoir	Regarder
Je	Suis	j'ai	regarde
Tu	es	as	regardes
Il/Elle/On	est	a	regarde

Note.........../ 9

2 m ou n ?
Complète par m ou n.
Compte 1 point par bonne réponse.

● Fra.n.chement, la vie à la ca.m.pagne est plus calme qu'en ville :

jamais d'e.m.bouteillages !

● Les ta.m.bours jouaient à un rythme i.n.croyable.

Note........./ 5

3 sont ou son ?
Complète par sont ou son.
Compte 2 points par bonne réponse.

● « Jules et Mathilde .sont. mes neveux. Je ne les vois pas souvent :

ils .sont. en Alsace et moi en Bretagne. »

● Ces champignons .sont. vénéneux, mais ceux qui se trouvent dans ....

panier .... comestibles.

Note........./ 10

4 Dictée préparée
Complète les phrases en mettant les verbes au présent de l'indicatif.
Puis demande à quelqu'un de te les dicter.
Compte 2 points par bonne réponse.

● Les mésanges (*aimer*) .... beaucoup les graines de tournesol.

● Lorsqu'un enfant ne (*comprendre*) .... pas, la maîtresse (*répéter*)

.... ● « Ne parle pas aussi fort, (*dire*) .... maman :

je t'(*entendre*) .... ! »

Note (préparation)
............../ 10

Note (dictée)
............../ 10

16

1

5 Dictée non préparée

Le présent de l'indicatif.
Les verbes être, avoir, faire et les verbes en -er.

Les ancêtres des Gaulois

Il y a plus de 2 000 ans, les Celtes arrivent de l'est de l'Europe et viennent habiter chez nous.
Ils sont agriculteurs, bergers, mais ils font aussi souvent la guerre. Ils aiment les colliers, les bracelets d'or et ils adorent les poésies.
Ils pensent que des dieux habitent les montagnes, les fleuves et les forêts et qu'ils protègent les hommes.

D'après **Jean Ollivier**, *Les Gaulois et le monde celte*, Éd. Nathan.

Note . . . . / 10

6 Dictée non préparée

Le présent de l'indicatif.
Le verbe être, les verbes en -er, les verbes en -dre.

La fille de Vercingétorix

Je suis la fille du grand chef gaulois. Ma mère répète que je suis un garçon manqué. Je monte à cheval et je chasse les sangliers. Quand le druide donne sa leçon à mes frères, j'écoute. Mon idée est d'inventer comment écrire les mots que j'entends : je rêve de trouver un alphabet magique !

Note . . . . / 10

Corrigés p. 2-3

Plus d'exercices
et de conseils sur
www.hatier-entrainement.com

5 Préparation à la dictée

CONSEILS PARENTS

Donnez des exemples de phrases à l'imparfait qui commencent par hier ou avant-hier : Hier, j'étais… / Avant, je vivais, etc. Demandez à votre enfant d'épeler les dernières lettres de la conjugaison.

JE COMPRENDS

▶ **L'imparfait de l'indicatif des verbes** avoir, être **et** vivre

Hier, j'étais là.

À l'imparfait de l'indicatif, tous les verbes ont les mêmes terminaisons :
-ais, -ais, -ait, -ions, -iez, -aient.

AVOIR	ÊTRE	VIVRE
j'av**ais**	j'ét**ais**	je viv**ais**
tu av**ais**	tu ét**ais**	tu viv**ais**
il (elle) av**ait**	il (elle) ét**ait**	il (elle) viv**ait**
nous av**ions**	nous ét**ions**	nous viv**ions**
vous av**iez**	vous ét**iez**	vous viv**iez**
ils (elles) av**aient**	ils (elles) ét**aient**	ils (elles) viv**aient**

Apprends par cœur la conjugaison de ces verbes puis récite-la.

▶ **Le pluriel des noms (1)**

Le pluriel des noms s'obtient généralement en ajoutant un **s** à la fin du mot.

un sac, des sac**s** – un jouet, des jouet**s** – une fille, des fille**s**…

Attention ! Les mots se terminant par **-au, -eau** ou **-eu** prennent généralement un **x**.

un noyau, des noya**x** – un manteau, des manteau**x** – un jeu, des jeu**x**…

1 **L'imparfait de l'indicatif. Mets ces phrases à l'imparfait.**

● Cette année, on organise une grande tombola.

D'habitude,.. .

● Actuellement, les coureurs sont sur la piste.

Hier, à la même heure, ...

● À la fête de l'école, les enfants vendent leur journal scolaire.

L'autre jour, à la fête de l'école, ...

2 **Les mots difficiles. Complète le texte avec les mots suivants :**
application – lointaine – société – solitude – fait prisonnier – île.

Un père et son fils, ayant été condamnés par les juges et par la ....

en .... de lois fausses et injustes, s'enfuirent sur une ....

déserte et ...., où ils s'habituèrent à vivre dans la

.... Lorsqu'on retrouva leurs traces, le père venait de mourir

et le fils s'échappa de nouveau pour ne pas être ....

Lis toute la phrase avant d'écrire le mot qui la complétera. Barre aussitôt dans la liste le mot que tu as choisi.

DICTÉE PRÉPARÉE Les Gaulois

Nos ancêtres les Gaulois vivaient dans des cabanes dont le toit était en paille ou fait de branchages. Ils savaient utiliser le feu et fabriquaient des armes et même des parures. Ils vendaient aux Romains du blé et des jambons de porc. Les prêtres étaient à la fois des sages et des médecins. À l'occasion de la nouvelle année, on organisait de très grandes fêtes.

CONSEILS PARENTS

Avant de dicter le texte à votre enfant, lisez-le à haute voix et arrêtez-vous pour lui demander comment se terminent les verbes à l'imparfait : -ait ou -aient ? Posez aussi des questions sur les mots au pluriel qui se terminent par un -s : nos ancêtres, des cabanes, des jambons, grandes fêtes...

3 L'imparfait de l'indicatif. Mets au singulier les phrases suivantes.

● Des Gaulois vivaient là. ....

● Avaient-ils des armes ? ....

● Des historiens l'assuraient. ....

● Les chasseurs partaient en chantant. ....

● Elles fabriquaient des potions magiques. ....

● Ils revenaient avec des sangliers. ....

4 Le pluriel des noms.
Souligne dans la dictée tous les noms au pluriel, et recopie-les ci-dessous.

....
....
....

Tu dois transformer toute la phrase au singulier : **des** deviendra **un**, **ils** deviendra **il**. Attention ! Certains mots comme **dans** ne changent pas.

Et maintenant, fais-toi dicter le texte ci-dessous.

DICTÉE NON PRÉPARÉE Jusqu'en Chine

D'après **Marco Polo**, *Le livre des merveilles.*

à suivre...

Marco Polo vivait en Italie, vers l'an 1250. Pendant son enfance, son père n'était pas là : il voyageait, faisant le tour du monde — ce qui n'était pas habituel, à l'époque. Il avait quinze ans au retour de son père, et il écouta, étonné, le récit de ses aventures. Le jeune garçon rêvait d'aller lui aussi jusqu'en Chine. Et bientôt, malgré les pleurs de sa mère, Marco Polo partait. Personne ne se doutait que ce voyage allait durer vingt ans.

6 Préparation à la dictée

JE COMPRENDS

▸ **L'imparfait de l'indicatif des verbes venir et faire**

> Que faisais-tu ?

À l'imparfait de l'indicatif, tous les verbes ont les mêmes terminaisons :
-ais, -ais, -ait, -ions, -iez, -aient.

VENIR		FAIRE	
je ven**ais**	nous ven**ions**	je fais**ais**	nous fais**ions**
tu ven**ais**	vous ven**iez**	tu fais**ais**	vous fais**iez**
il (elle) ven**ait**	ils (elles) ven**aient**	il (elle) fais**ait**	ils (elles) fais**aient**

Apprends par cœur la conjugaison de ces verbes puis récite-la.

▸ **Le pluriel des noms (2)**
Les mots se terminant par **-ou** prennent un **s** au pluriel.

> un clou, des clou**s** – un cou, des cou**s** – un fou, des fou**s**
> – un voyou, des voyou**s** – un verrou, des verrou**s**…

Attention ! Les 7 mots suivants prennent un **x** au pluriel :

> **bijou – caillou – chou – genou – hibou – joujou – pou** .

1 **L'imparfait de l'indicatif. Mets les verbes à l'imparfait.**

- C'est vrai. ....
- Je l'admire. ....
- Vous le pouvez. ....
- On l'admire. ....
- Il vient. ....

- Il le veut. ....
- Il l'aime. ....
- Il parle. ....
- Il le peut. ....
- Nous le pouvons. ....

2 **Les mots difficiles. Complète les phrases suivantes avec ces mots :**
début – intelligence – Anglais – depuis – étudier – pour tous – élégant – latin.

- L'auteur de ce livre est un ....
- Je suis dans cette école .... deux ans.
- Mon père est un homme très ....
- Nous allons .... l'orthographe.
- Aujourd'hui, on nous a parlé de l'.................... des animaux.
- Mon frère, qui est en 5ᵉ, apprend le ....
- Je n'ai pas lu toute l'histoire mais seulement le ....
- Des bonbons ? Il y en aura ....

DICTÉE PRÉPARÉE   ## Charlemagne

Charlemagne était, depuis l'an 800, l'empereur du royaume des Francs. On admirait son courage et son intelligence. Quand il le pouvait, il aimait aussi étudier. Un Anglais qui parlait un latin élégant devenait bientôt le maître d'école du royaume : il voulait apprendre à lire et à écrire à tous les garçons du pays. Avec lui, c'était le début de l'école gratuite pour tous !

CONSEILS PARENTS
Avant de dicter le texte à votre enfant, lisez-le à haute voix en vous arrêtant pour lui demander par exemple quels accents il faut mettre sur les voyelles dans : étudier, élégant, bientôt, maître, écrire, début. N'oubliez pas de dicter les majuscules des noms propres.

3 Les verbes à l'imparfait. Cherche dans la dictée tous les verbes à l'imparfait. Recopie-les et écris leur infinitif entre parenthèses. Tu dois trouver 8 verbes.

4 Le pluriel. Mets tous les éléments de ces phrases au pluriel.

- Il arrivait devant une grille.
- Il voyait une grotte.
- Dans la grotte, il y avait un sac et un coffre.
- À l'intérieur du sac, un bijou brillait, une pièce d'or étincelait.
- Il voulait emporter ce trésor.

*Tu dois transformer toute la phrase au **pluriel** : **une** deviendra **des**, **il** deviendra **ils**, **ce** deviendra **ces**. Souviens-toi que les noms au pluriel se terminent par un -**s** ou un -**x**. Attention ! Certains mots comme **devant** ou **dans** ne changent pas.*

Et maintenant, fais-toi dicter le texte ci-dessous.

DICTÉE NON PRÉPARÉE   ## Le trésor du calife

Lorsque la caravane qui faisait route vers la Chine s'arrêtait, Marco Polo aimait écouter les histoires qu'on racontait. Il venait de passer à Bagdad. On disait que, lorsqu'une armée découvrait un palais plein d'or, on interrogeait le calife : « d'où venaient tant de richesses ? Donnait-il aux pauvres ou les laissait-il dans la misère ? » Si ce chef avare et injuste, on l'enfermait, seul avec son or, et on le laissait mourir de faim au milieu de son trésor.
à suivre…

D'après **Marco Polo**, *Le livre des merveilles.*

Corrigés p. 3

Plus d'exercices et de conseils sur www.hatier-entrainement.com

7 Préparation à la dictée

CONSEILS PARENTS

Donnez des exemples de phrases à l'imparfait qui commencent par hier ou avant-hier : Hier j'étais… / Avant, je vivais… etc. Demandez ensuite à votre enfant de réciter les terminaisons des verbes à l'imparfait.

> **JE COMPRENDS**

▸ **L'imparfait de l'indicatif des verbes aller et entendre**

Où allait-il ?

À l'imparfait de l'indicatif, tous les verbes ont les mêmes terminaisons : **-ais, -ais, -ait, -ions, -iez, -aient.**

ALLER		ENTENDRE	
j'all**ais**	nous all**ions**	j'entend**ais**	nous entend**ions**
tu all**ais**	vous all**iez**	tu entend**ais**	vous entend**iez**
il (elle) all**ait**	ils (elles) all**aient**	il (elle) entend**ait**	ils (elles) entend**aient**

Apprends par cœur la conjugaison de ces verbes puis récite-la.

▸ **Les verbes commençant par at-**

Les verbes commençant par **at-** prennent généralement **deux t**.

att**endre** – att**raper** – att**aquer** – att**irer** – att**eindre**…

---

1 L'imparfait de l'indicatif. Mets ces phrases à l'imparfait.

● Ils n'y pensent pas. ....

● Il faut trouver le trésor. ....

● Ils ont de l'or. ....

● Il y a des richesses. ....

2 Les verbes commençant par at-.
Complète avec un verbe qui commence par at-.

● Tout vient à point pour qui sait ....

● Les papillons sont .... par la lumière.

● Je cours vite : je vais t'....................... !

Regarde la dernière ligne de la leçon : tu y trouveras les verbes qui vont compléter les phrases de cet exercice.

3 Les mots difficiles. Complète le texte avec les mots suivants :
par hasard – c'est ainsi – où – vers – xvᵉ siècle – se dirigeant.

Au ...., on ne savait pas encore d'une manière sûre que la Terre était

ronde. Christophe Colomb pensait qu'elle l'était, et qu'en ....

vers l'ouest, et non .... l'est comme c'était l'habitude, il arriverait

en Asie, pays .... l'on trouvait des produits rares et précieux.

Mais, avant d'y parvenir, il rencontra .... une terre inconnue,

et .... qu'il découvrit l'Amérique.

DICTÉE PRÉPARÉE ## Les grandes découvertes

Les hommes du XVᵉ siècle, attirés par l'or dont ils avaient besoin, pensaient le trouver en Afrique ou aux Indes. Mais c'est en Amérique qu'ils allaient arriver.
Se dirigeant vers l'ouest, Christophe Colomb y parvenait par hasard, découvrant ainsi le Nouveau Monde. Il débarquait dans un pays où, en effet, il y avait les richesses que l'on attendait.

CONSEILS PARENTS

Avant de dicter le texte à votre enfant, lisez-le à haute voix en vous arrêtant pour lui demander comment se terminent les verbes à l'imparfait : -ait ou -aient ? Comment écrira-t-il trouver, arriver ou en effet ? Pensez à dicter les majuscules des noms propres.

4 **t** ou **tt** **? Entoure en rouge les mots commençant par** at- **et qui s'écrivent avec** deux tt**. Entoure en** bleu **les mots qui commencent par** at- **et qui n'ont qu'**un seul t**. Barre les autres mots.**

attaquer – attendre – atlantique – attirer – attraper – affreux – attacher – atomique – appeler – atteindre – attention – affiche – atome

5 **Le présent de l'indicatif. Transpose ce récit au présent.**

Nous nous embarquions sur un bateau. De gros nuages masquaient l'horizon. D'abord, nous ne les remarquions pas. Mais, tout à coup, le bateau tanguait avec force. Nous voguions sur une mer déchaînée. Heureusement, nous ne manquions pas de chance. Sur la terre ferme d'une île, bientôt, nous débarquions.

....

....

....

Attention ! Les verbes en **-quer** et les verbes en **-guer**, lorsqu'ils sont conjugués, gardent le **u** à toutes les personnes et à tous les temps.

Et maintenant, fais-toi dicter le texte ci-dessous.

DICTÉE NON PRÉPARÉE ## Le Seigneur des Seigneurs

D'après **Marco Polo**, *Le livre des merveilles.*

Marco Polo, son père et son oncle venaient d'arriver en Chine. Bientôt, le Seigneur des Seigneurs les recevait et organisait pour eux une grande fête. Que de merveilles ! On servait les plats dans une vaisselle en or et en argent. Les douze mille barons de la cour avaient des robes ornées de pierreries. On racontait aussi que, pendant ses voyages, le Seigneur dormait dans une chambre tapissée d'un drap d'or, couverte de la peau de vingt lions et portée par quatre éléphants.
à suivre...

Corrigés p. 3

Plus d'exercices et de conseils sur www.hatier-entrainement.com

8

Préparation à la dictée

JE COMPRENDS

▶ **L'imparfait de l'indicatif des verbes pouvoir et vouloir**

Il ne voulait pas partir.

À l'imparfait de l'indicatif, tous les verbes ont les mêmes terminaisons :
-ais, -ais, -ait, -ions, -iez, -aient.

POUVOIR		VOULOIR	
je pouv**ais**	nous pouv**ions**	je voul**ais**	nous voul**ions**
tu pouv**ais**	vous pouv**iez**	tu voul**ais**	vous voul**iez**
il (elle) pouv**ait**	ils (elles) pouv**aient**	il (elle) voul**ait**	ils (elles) voul**aient**

Apprends par cœur la conjugaison de ces verbes puis récite-la.

▶ **L'accord de l'adjectif qualificatif (1)**
L'adjectif qualificatif **s'accorde avec le nom auquel il se rapporte.**

un livre **nouveau**, une idée **nouvelle**
un **joli** cadeau, des **jolis** cadeaux

CONSEILS PARENTS

Faites remarquer à votre enfant, au cours de ses lectures, que l'imparfait s'emploie beaucoup dans les récits : Le héros pouvait... voulait...

1 **Du présent à l'imparfait. Mets les verbes à l'imparfait, comme dans l'exemple.**
Maintenant elle pleure. ➜ Hier, elle pleurait.

- Maintenant, il sait sa leçon. → Hier, il ....

- Maintenant, il peut faire mieux. → ....

- Aujourd'hui, il veut gagner la course. → ....

....

- Il parcourt le monde. → ....

- C'est la même chose. → ....

Pour t'aider, imagine que chaque phrase commence par **hier, avant-hier, la semaine dernière...**

2 **La correspondance entre le nom et le verbe.**
Complète par un verbe de la même famille que le mot entre parenthèses.

- (le travail) Il faut parfois .... durement.

- (le passage) Il aime .... son temps à la fenêtre.

- (la transformation) Elle a une baguette magique pour ....

les citrouilles en carrosse.

- (la conquête) Il voulait .... le monde.

3 **Le verbe courir. Dans ces phrases, écris le verbe courir à l'imparfait.**

- Je .... toujours pour te retrouver.

- Les athlètes .... très vite.

CONSEILS PARENTS

Avant de dicter le texte, lisez-le à haute voix en vous arrêtant pour demander à votre enfant comment se terminent les verbes à l'imparfait et comment il écrira : travailler, société française, prisonnier, île.

DICTÉE PRÉPARÉE Napoléon Iᵉʳ

> Napoléon pouvait, dit-on, travailler seize heures par jour et même passer vingt-quatre heures sans dormir. Il parcourait en quelques minutes tout son courrier. Il avait des idées nouvelles et savait comment transformer la société française. Malheureusement, il voulait aussi conquérir le monde par le fer et par le sang et, bientôt, c'était la fin de son rêve : fait prisonnier, il mourait dans la solitude d'une île lointaine.

4 **L'accord des mots. Ajoute, si nécessaire, une terminaison.**

En 1815, un bateau emmenait Napoléon jusqu'à Sainte-Hélène, île anglais……

perdu…… au milieu de l'océan Atlantique. Les pluie…… y étaient fréquent……,

l'humidité fort……, constant……. Napoléon, né…… en Corse, détestait les

tempête……, les violent…… coup…… de vent……. Abandonné par sa famille,

ses ami……, la fin de sa vie fut cruel……, son agonie fut long…….

5 **Les majuscules et la ponctuation.**
Ajoute les majuscules et la ponctuation nécessaires.

napoléon bonaparte épousa joséphine elle devint impératrice lorsqu'il devint empereur
en 1804 elle était née en martinique et s'appelait marie-josèphe rose tascher de la
pagerie elle avait eu deux enfants avec le vicomte de beauharnais son premier mari

....

....

....

Souviens-toi que l'on met **une majuscule** au premier mot d'une phrase et à la première lettre d'un nom propre (prénoms, pays…).

Et maintenant, fais-toi dicter le texte ci-dessous.

DICTÉE NON PRÉPARÉE **Les missions de Marco Polo**

D'après **Marco Polo**, *Le livre des merveilles.*

à suivre…

> Bientôt, Marco Polo apprenait quatre langues et partait en mission : le Seigneur des Seigneurs de Chine, qui ne pouvait visiter lui-même son immense royaume, demandait au jeune homme de le faire pour lui. Marco Polo bravait des déserts, voyait des bêtes féroces, des villes de marbre et regardait comment on ramassait les diamants dans les mines.

Préparation à la dictée

JE COMPRENDS

▸ **L'imparfait de l'indicatif des verbes en -cer et -ger**

> Je me plaçais devant l'écran.

À l'imparfait de l'indicatif, tous les verbes ont les mêmes terminaisons :
-ais, -ais, -ait, -ions, -iez, -aient.

PLACER		PLONGER	
je plaç**ais**	nous plac**ions**	je plonge**ais**	nous plong**ions**
tu plaç**ais**	vous plac**iez**	tu plonge**ais**	vous plong**iez**
il (elle) plaç**ait**	ils (elles) plaç**aient**	il (elle) plonge**ait**	ils (elles) plonge**aient**

Apprends par cœur la conjugaison de ces verbes puis récite-la.
Attention ! On écrit **ç** et **ge** devant **a**.

▸ **L'accord de l'adjectif qualificatif (2)**
L'adjectif qualificatif **s'accorde en général avec le nom auquel il se rapporte** :
il peut être au masculin ou au féminin, au singulier ou au pluriel.

> un **beau** château, une **belle** maison

> des **beaux** châteaux, des **belles** maisons

1 L'imparfait de l'indicatif.
Dans ces phrases, écris les verbes entre parenthèses à l'imparfait.

● À la cantine de l'école, les enfants (*manger*) .... de bon appétit.

● Tous les lundis, nous (*plonger*) .... dans la piscine.

● « Tu tombais toujours parce que tu (*lacer*) .... mal tes chaussures ! »

● Cet hiver-là, le froid nous (*glacer*) .... les os.

● Robin des Bois (*venger*) .... les pauvres : il (*dérober*)

.... l'argent des riches seigneurs et le (*redistribuer*) ....

2 **Les mots difficiles. Complète le texte avec les mots suivants :**
parmi – moins – maintenant – meilleure élève – et – Venue en France – guérir.

Au lycée, Sonia était la .... de la classe. Pourtant, elle était

très malade .... passait .... de temps que nous

à l'école. .... parce que des spécialistes pouvaient

la ...., elle est .... en bonne santé.

Elle est .... nous et nous en sommes heureux.

DICTÉE PRÉPARÉE Marie Curie

(Marie Sklodowska (1867-1934) est née en Pologne. Avec son mari, Pierre Curie, un Français, elle découvrit le radium.)

Parmi les grands savants du monde entier, il y a une femme extraordinaire, Marie Curie.
À dix ans, elle était la meilleure élève de sa classe. Pourtant, elle avait deux ans de moins que les autres et c'était difficile : à ce moment-là, en Pologne, on obligeait les enfants à utiliser des livres écrits en russe. Venue en France, elle allait découvrir un produit nouveau, le radium, qui, maintenant encore, permet de guérir de graves maladies.

CONSEILS PARENTS
Avant de dicter le texte à votre enfant, lisez-le à haute voix en vous arrêtant pour lui demander par exemple comment il écrira : c'était, obligeait, allait. Insistez sur les mots qui prennent un -s au pluriel.

3 Les mots de la même famille.
Trouve dans la dictée un mot de la même famille que le mot indiqué.
nouveauté → nouveau.

- malade → ....
- difficilement → ....
- Polonais → ....
- enfantin → ....
- guérison → ....
- savamment → ....

4 L'imparfait de l'indicatif. Réécris la phrase suivante en utilisant le sujet indiqué.
On obligeait les enfants à utiliser ces livres.

- Les professeurs ....
- Tu.. .
- La directrice ....
- Nous... .

Et maintenant, fais-toi dicter le texte ci-dessous.

DICTÉE NON PRÉPARÉE Monsieur Million

D'après **Marco Polo**, *Le livre des merveilles*.

FIN

La dernière mission de Marco Polo était d'aller conduire une noble demoiselle jusque chez son futur mari. Pendant le voyage, il racontait son temps à faire le récit de ses différentes et difficiles missions. Pour le remercier, elle l'obligea à accepter des tablettes en or gravées... Enfin, il regagna Venise, la ville aux mille ponts. Il avait tant d'aventures à raconter qu'on l'appelait « Monsieur Million ».

Tu as pu découvrir l'histoire de Marco Polo en plusieurs épisodes (les dictées p. 19 à 27) : qu'en as-tu retenu ?

Corrigés p. 4

Plus d'exercices et de conseils sur www.hatier-entrainement.com

Bilan

1 L'imparfait de l'indicatif
Mets les verbes entre parenthèses à l'imparfait.
Compte 1 point par bonne réponse.

- Vercingétorix (*vouloir*) .... chasser les Romains de la Gaule.

- Les Gaulois (*vivre*) .... dans des maisons en terre séchée.

- Au Moyen Âge, on (*mourir*) .... plus jeune que maintenant.

- C'est Christophe Colomb qui, en 1492, (*aller*) .... découvrir
l'Amérique.

- Autrefois, on n'(*obliger*) .... pas les enfants à se rendre régulièrement
à l'école et, devenus adultes, ils ne (*savoir*) .... ni lire ni écrire.

- Marie Curie (*être*) .... polonaise.

- Quand j'(*être*) .... en colonie de vacances, je (*faire*) ....
du sport tous les jours et je (*participer*) .... à des jeux.

Note........./ 10

2 **Les verbes qui commencent par** at-
Écris 5 verbes commençant par at- **et prenant** deux t.
Compte 2 points par bonne réponse.

....

....

Note........./ 10

3 Dictée préparée
Mets au pluriel, puis demande à quelqu'un de te dicter les deux textes.
Compte 3 points par bonne réponse.
Un seigneur vivait jadis dans un château où un troubadour venait parfois raconter
une histoire. Ainsi, la soirée devenait agréable.

....

....

....

Note (préparation)
............./ 9

Note (dictée)
............./ 9

2

4 Dictée non préparée

L'imparfait – Les verbes en -er – Le verbe être.

Les jeux du cirque

Cher ami,
Je parlais, dans ma dernière lettre, de la belle ville de Rome
et de ses magnifiques constructions. J'aimais, quand
j'y habitais, me promener sur la grande place. Mais il y a
une chose que je détestais : c'étaient les jeux du cirque. Je me
demandais pourquoi on applaudissait. Les combats
n'étaient pas beaux à voir : c'était comme si les hommes
étaient fous !

D'après Pline le Jeune.

Note . . . . / 10

5 Dictée non préparée

L'imparfait – Les verbes en -er – Le verbe faire.

Les bains chauds

— Hier, mon fils, je parlais au médecin. Pour avoir
une bonne santé, il recommandait de se mettre dans de l'air
très chaud, puis de se plonger dans de l'eau très chaude
pour faire sortir les poisons de son corps... Si tu allais prendre
un bain ? Quand j'étais enfant, on me faisait faire
beaucoup d'exercices difficiles : cela rendait fort !

D'après Pline le Jeune.

Note . . . . / 10

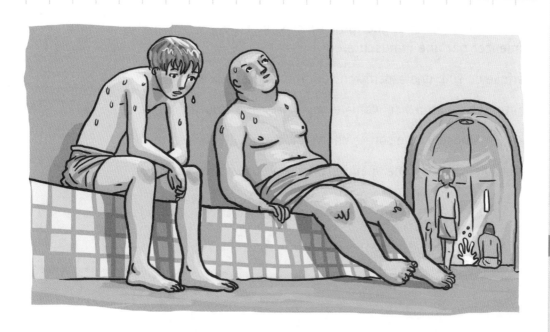

Corrigés p. 4

Plus d'exercices
et de conseils sur
www.hatier-entrainement.com

10 Préparation à la dictée

JE COMPRENDS

▶ **Le futur simple des verbes avoir et être**

> Bientôt je serai en vacances.

Au futur simple, on entend, à la fin de tous les verbes :
-rai, -ras, -ra, -rons, -rez, -ront.

AVOIR		ÊTRE	
j'aur**ai**	nous aur**ons**	je ser**ai**	nous ser**ons**
tu aur**as**	vous aur**ez**	tu ser**as**	vous ser**ez**
il (elle) aur**a**	ils (elles) aur**ont**	il (elle) ser**a**	ils (elles) ser**ont**

Apprends par cœur la conjugaison de ces verbes puis récite-la.

▶ **L'emploi des majuscules**
On met une **majuscule au premier mot** de chaque phrase, à la **première lettre** d'un nom propre, au nom des pays ou des planètes, etc.

> **I**ls sont allés sur **M**ars, **V**énus et **J**upiter.

CONSEILS PARENTS

*Donnez à votre enfant des exemples de phrases au futur qui commencent par Demain / Bientôt, j'aurai...
Faites épeler les terminaisons des verbes.*

1 **Le futur de l'indicatif. Écris les verbes au futur.**

– Ce soir, dit le chef du village indien, nous (*inviter*) .... nos amis les

Akraminois. Ainsi, vous (*avoir*) .... tous les renseignements que vous

(*souhaiter*) .... pour votre prochain voyage, car mon ami, le grand

Zaquapitou, (*pouvoir*) .... vous donner tous les détails nécessaires

sur les régions que vous allez traverser et sur les lieux où vous vous (*rendre*)

.... Nous (*allumer*) .... un grand feu, et la soirée

(*durer*) .... autant que vous (*vouloir*) ....

2 **Les majuscules. Dans ce texte, souligne, puis réécris les mots qui doivent commencer par une majuscule.**

il est allé en amérique du sud. une expédition solitaire. il y a deux ans. il a

commencé à raconter ses aventures de manière imprécise ; il a trouvé je ne sais

quoi de merveilleux, à moins qu'il ne soit le champion du monde des menteurs.

tel est votre homme, monsieur malone. maintenant filez, et voyez ce que vous

pouvez en tirer.

D'après Conan Doyle, *Le Monde perdu*.

Pour répondre, regarde le 2e point de la leçon en haut de la page.

....

....

....

DICTÉE PRÉPARÉE ## Les voyageurs de l'espace

CONSEILS PARENTS

Avant de dicter le texte à votre enfant, demandez-lui par exemple comment il écrira : annonce, les détails, et comment se terminent les mots avec le son « é » : conviées, parler, invités, à poser, souhaiterez. Après la dictée, soulignez les fautes, mais surtout félicitez votre enfant pour tous les mots bien écrits !

La télévision annonce :
— Demain, ce sera la première fois que des Français partiront pour la planète Mars. Le voyage durera sept mois.
À leur retour, les vingt-quatre personnes du groupe seront conviées à venir parler de leur découverte. Vous serez tous invités à poser des questions par téléphone. Vous aurez ainsi tous les détails que vous souhaiterez sur Mars et les Martiens.

à suivre...

3 **L'emploi des majuscules. Le futur.**
Écris les majuscules manquantes et mets au futur les verbes entre parenthèses.

je (*partir*) .... demain pour le canada. par avion le voyage (*durer*)

.... sept heures. j'(*avoir*) .... le temps de faire

connaissance avec mes voisins, pendant que l'hôtesse (*souhaiter*)

.... la bienvenue à tous et (*annoncer*) ....

les différentes étapes du vol.

4 **Le futur. Cherche dans la dictée tous les verbes ou auxiliaires au futur et analyse-les, comme dans l'exemple.**
Ce sera : verbe *être*, 3e personne du singulier.

....

....

....

N'oublie pas : il faut **une majuscule** au début de chaque phrase ainsi qu'aux noms propres.

Et maintenant, fais-toi dicter le texte ci-dessous.

DICTÉE NON PRÉPARÉE ## Des petits Versailles

Plus tard, je serai architecte et je bâtirai des petits Versailles. Les murs des maisons seront en marbre blanc d'Italie et il y aura des balcons. J'aurai avec moi des décorateurs qui choisiront pour l'intérieur des tapis et des tableaux. Dans les jardins, il y aura des arbres, des plantes mais aussi des fontaines et des jets d'eau. Ce sera très joli et on aura plaisir à venir s'y promener.

Corrigés p. 4

Plus d'exercices et de conseils sur www.hatier-entrainement.com

11 Préparation à la dictée

CONSEILS PARENTS

Attirez l'attention de votre enfant sur le verbe appeler, qui s'écrit toujours avec deux p mais pas toujours avec deux l : cela dépend du temps et de la personne.

JE COMPRENDS

▸ **Le futur simple des verbes** appeler **et** s'envoler On appellera.

Au futur simple, on entend, à la fin de tous les verbes :
-rai, -ras, -ra, -rons, -rez, -ront.

APPELER

j'appeller**ai**	nous appeller**ons**
tu appeller**as**	vous appeller**ez**
il (elle) appeller**a**	ils (elles) appeller**ont**

S'ENVOLER

je m'envoler**ai**	nous nous envoler**ons**
tu t'envoler**as**	vous vous envoler**ez**
il (elle) s'envoler**a**	ils (elles) s'envoler**ont**

Apprends par cœur la conjugaison de ces verbes puis récite-la.

▸ **Les mots commençant par** ap-

Les mots commençant par **ap-** prennent en général **deux p**.

a**pp**eler – a**pp**orter – a**pp**rendre – a**pp**rivoiser – a**pp**auvrir...

Sauf quelques mots comme :

a**p**ercevoir – a**p**lanir – a**p**latir – a**p**ostrophe – a**p**éritif...

Attention ! Le verbe **appeler**, lorsqu'il est conjugué, ne prend pas toujours deux **l**. j'appe**ll**e *mais* j'appe**l**ais, j'ai appe**l**é.

① **Le futur de l'indicatif. Mets les verbes à la personne indiquée.**

● Je serai là. → Ils ....

● Je te préviendrai de notre départ. → Nous ....

● Je m'envolerai enfin. → Nous nous ....

● Ils entreront dans la fusée. → Elle ....

Pour répondre, regarde la **terminaison** des verbes dans la leçon en haut de la page. Tu peux aussi t'aider du tableau de conjugaison situé à la fin du cahier.

② **Le verbe** appeler**.**
Écris le verbe appeler **à l'imparfait, au présent ou au futur selon le cas.**

● Demain, quand tu l'............................, tu lui demanderas de venir me voir.

● Comment vous ....-vous, Madame, avant d'être mariée ?

● Les Indiens s'............................ en fonction de leur attitude.

③ **Les mots difficiles. Complète le texte avec les mots suivants :**
tirer – essoufflée – hisser – là – faudra.

– Je suis .... ! crie une passagère .... qui se précipite vers

l'avion prêt à partir. Attendez-moi ! Mais la passerelle étant déjà relevée, il

.... deux personnes pour la .... et la .... à bord !

CM1 9-10 ANS

CORRIGÉS

Dictées

Dictée 1

PAGE 8

1 • Il est heureux.
• Nous sommes seuls.
• Nos parents nous laissent partir.

2 • Vénus et Mercure...
• Il est temps...
• La sarcelle est...

3 *Il faut utiliser les mots dans cet ordre :* quai – il faut le réveiller – attention – beaucoup – chance – alors – vieille.

PAGE 9

4 C'est moi qui... et c'est ma grande sœur... comment est-il fabriqué ?... C'est facile. Mon mari est là, justement... C'est lui le boulanger...

5 • Je suis ronde et bleue... Qui suis-je ?
• ... nous sommes à votre entière disposition.
• Christophe est...
• Est-ce que vous êtes d'accord...
• Toi, tu es ...
• ... sont les deux...
• Caroline est à Paris...

Dictée 2

PAGE 10

1 • Le paysage défile...
• Je descends...
• Le chapeau s'envole...
• La dame se réveille...

2 m'installe – confortablement – compartiment – détends – campagne – semble – m'endormir – content – temps

3 *Il faut utiliser les mots dans cet ordre :* du – à – de – qui – dans – sur – que – avec – à.

PAGE 11

4 • D'habitude, je me réveille...
• À présent, tu descends la rue...
• Il me semble que le temps ne passe pas vite !
• Les animaux passent lentement, au loin le soleil descend...

5 *Il faut entourer et recopier les mots suivants :*
rassembler – ressembler – flamber – embellir – la campagne – emmêler – implorer – le champ – emmitoufler – ensemble – compliquer – emmener – embarquer – employer – impossible – immangeable.

Dictée 3

PAGE 12

1 *Il faut utiliser les mots dans cet ordre :* a – est – crie – regarde – arrive – continue – dit.

2 *Il faut utiliser les mots dans cet ordre :* commencer – plus fort – tous – ici – mais.

PAGE 13

3 • répare – souhaite • continue – utilise • arrivent

4 *Il faut entourer les verbes :*
cherchent – tournent – Voulez – veux
Il faut souligner les sujets :
les sangliers – Toutes les planètes du système solaire – Nous – vous – je

Dictée 4

PAGE 14

1 • Nous avons raison... notre... • Ils sont... • On dort...
• Je n'entends rien. • Tu sors... • Elle en offre...

2 ... ni son imperméable ni son chapeau... Son frère, qui connaît son étourderie et son inattention... Ceux-ci sont à la recherche... ils sont très ennuyés... ni son numéro... où sont les papiers...

PAGE 15

3 • calme
• se rappeler
• soudain
• offrir

4 • Il a raison.
• Sous le fauteuil
• Elle se rappelle.
• Elle sort de sa valise.

5 • Vous n'entendez pas ?
• Il suspend
• Ils fendent

Bilan 1

PAGE 16

1 • Être : je suis, tu es, il (elle) est
• Avoir : j'ai, tu as, il (elle) a
• Regarder : je regarde, tu regardes, il (elle) regarde

② • Franchement, la vie à la campagne est plus calme qu'en ville : jamais d'embouteillages !

• Les tambours jouaient à un rythme incroyable.

③ • « Jules et Mathilde sont mes neveux. Je ne les vois pas souvent : ils sont en Alsace... »

• Ces champignons sont vénéneux, mais ceux qui se trouvent dans son panier sont comestibles.

④ • Les mésanges aiment beaucoup les graines de tournesol.

• Lorsqu'un enfant ne comprend pas, la maîtresse répète.

• « Ne parle pas aussi fort, dit maman : je t'entends ! »

Dictée **5**

PAGE 18

① • on organisait...

• les coureurs étaient...

• les enfants vendaient...

② *Il faut utiliser les mots dans cet ordre :*

société – application – île – lointaine – solitude – fait prisonnier.

PAGE 19

③ • Un Gaulois vivait là.

• Avait-il une arme ?

• Un historien l'assurait.

• Le chasseur partait en chantant.

• Elle fabriquait une potion magique.

• Il revenait avec un sanglier.

④ *Il faut souligner et recopier les mots suivants :*

(les) Gaulois – (nos) ancêtres – (des) cabanes – (de) branchages – (des) armes – (des) parures – (aux) Romains – (des) jambons – (Les) prêtres – (des) sages – (des) médecins – (de très grandes) fêtes.

Dictée **6**

PAGE 20

① • C'était vrai.

• Je l'admirais.

• Vous le pouviez.

• On l'admirait.

• Il venait.

• Il le voulait.

• Il l'aimait.

• Il parlait.

• Il le pouvait.

• Nous le pouvions.

② *Il faut utiliser les mots dans cet ordre :*

Anglais – depuis – élégant – étudier – intelligence – latin – début – pour tous.

PAGE 21

③ *Il faut recopier :*

était (être) – admirait (admirer) – pouvait (pouvoir) – aimait (aimer) – parlait (parler) – devenait (devenir) – voulait (vouloir) – (c')était (être).

④ • Ils arrivaient devant des grilles.

• Ils voyaient des grottes.

• Dans les grottes, il y avait des sacs et des coffres.

• À l'intérieur des sacs, des bijoux brillaient, des pièces d'or étincelaient.

• Ils voulaient emporter ces trésors.

Dictée **7**

PAGE 22

① • Ils n'y pensaient pas.

• Il fallait...

• Ils avaient...

• Il y avait...

② • attendre

• attirés

• attraper

③ *Il faut utiliser les mots dans cet ordre :* XVe siècle – se dirigeant – vers – où – par hasard – c'est ainsi.

PAGE 23

④ *Il faut entourer en rouge :*

attaquer – attendre – attirer – attraper – attacher – atteindre – attention.

Il faut entourer en bleu : atlantique – atomique – atome.

Il faut barrer : affreux – appeler – affiche.

⑤ Nous nous embarquons... De gros nuages masquent... nous ne les remarquons pas... le bateau tangue... Nous voguons... nous ne manquons pas de chance... nous débarquons

Dictée **8**

PAGE 24

① • Hier, il savait • il pouvait • il voulait • il parcourait • c'était

② • travailler • passer • transformer • conquérir

③ • Je courais...

• Les athlètes couraient...

PAGE 25

4 • île anglaise perdue
• Les pluies
• fréquentes
• forte, constante
• les tempêtes, les violents coups de vent
• ses amis
• cruelle
• longue

5 Napoléon Bonaparte épousa Joséphine. Elle devint impératrice lorsqu'il devint empereur, en 1804. Elle était née en Martinique et s'appelait Marie-Josèphe Rose Tascher de la Pagerie. Elle avait eu deux enfants avec le vicomte de Beauharnais, son premier mari.

Dictée 9

PAGE 26

1 • mangeaient
• plongions
• laçais
• glaçait
• vengeait – dérobait – redistribuait

2 *Il faut utiliser les mots dans cet ordre :*
meilleure élève – et – moins – Venue en France – guérir – maintenant – parmi.

PAGE 27

3 • maladie
• difficile
• Pologne
• enfants
• guérir
• savant

4 • Les professeurs obligeaient...
• Tu obligeais...
• La directrice obligeait...
• Nous obligions...

Bilan 2

PAGE 28

1 • Vercingétorix voulait chasser les Romains...
• Les Gaulois vivaient dans des maisons en terre séchée.
• Au Moyen Âge, on mourait plus jeune que maintenant.
• C'est Christophe Colomb qui, en 1492, allait découvrir l'Amérique.

• Autrefois, on n'obligeait pas les enfants à se rendre régulièrement à l'école et, devenus adultes, ils ne savaient ni lire ni écrire.
• Marie Curie était polonaise.
• Quand j'étais en colonie de vacances, je faisais du sport tous les jours et je participais à des jeux.

2 *Par exemple :* attendre – attraper – attacher – attaquer – atteindre – atteler – attribuer – attirer

3 Des seigneurs vivaient jadis dans des châteaux où des troubadours venaient parfois raconter des histoires. Ainsi, les soirées devenaient agréables.

Dictée 10

PAGE 30

1 inviterons – aurez – souhaiterez – pourra – rendrez – allumerons – durera – voudrez

2 Il est allé en Amérique du Sud. Une expédition... Il y a deux ans. Il a commencé... Tel est votre homme, Monsieur Malone. Maintenant...

PAGE 31

3 Je partirai demain pour le Canada. Par avion. Le voyage durera... J'aurai le temps... l'hôtesse souhaitera... et annoncera...

4 • partiront : verbe partir, 3e pers. du pluriel
• durera : verbe durer, 3e pers. du singulier
• seront : auxiliaire être, 3e pers. du pluriel
• serez : auxiliaire être, 2e pers. du pluriel
• aurez : verbe avoir, 2e pers. du pluriel
• souhaiterez : verbe souhaiter, 2e pers. du pluriel

Dictée 11

PAGE 32

1 • Ils seront là.
• Nous te préviendrons...
• Nous nous envolerons enfin.
• Elle entrera...

2 • Demain, quand tu l'appelleras... (futur)
• Comment vous appeliez-vous... ? (imparfait)
• Les Indiens s'appellent... (présent)

3 *Il faut utiliser les mots dans cet ordre :* là – essoufflée – faudra – tirer – hisser.

PAGE 33

4 • ... je serai...
• Je me préparerai...
• Je serai très content...
• Je reviendrai...

5️⃣ • Le voyageur attend.
• Le passager est impatient.
• Des petits messieurs arrivent.
• Ils entrent dans les fusées.

Dictée 12

PAGE 34

1️⃣ *Il faut utiliser les mots dans cet ordre :* dîner – soirée – aurez – arrivée – mangerez – boirez.

2️⃣ • Vous mangerez...
• Vous boirez...
• Nous nous reposerons...
• Tu ne rentreras pas.
• Vous aurez une surprise.

PAGE 35

3️⃣ *Il faut souligner en rouge :* la cheminée – la cuillerée – la dictée – la rosée – la bouchée – la bouée – la soirée.
Il faut souligner en bleu : la beauté – la royauté – la qualité – la médiocrité – la gaieté – la quantité.

4️⃣ Viendras-tu avec nous, demain ? – Non, je ne viendrai pas. Quand tu seras d'accord pour nous accompagner, appelle-moi !

Et vous, où irez-vous ? – Nous irons à la montagne, chez nos cousins. Nos voisins, eux, n'iront nulle part ; alors nous leur confierons pour l'été, nos chiens, nos chats et notre cochon d'Inde ! Je suppose qu'ils en seront très contents. Je leur en parlerai la prochaine fois que je les apercevrai !

Dictée 13

PAGE 36

1️⃣ • Il faudra
• Je ne verrai plus
• Je lui demanderai
• Je recevrai

2️⃣ • Vous voyagez ?
• vous voyagerez
• je voyagerai
• voyagé
• Vous pleurez ?
• Vous la reverrez !
• je vous attendrai

3️⃣ • revoir
• refaire/défaire
• défini/infini
• revenir
• impossible
• récrire *ou* réécrire

4️⃣ *Il faut souligner :*
voici – plus – mais – justement.

PAGE 37

5️⃣ irons – marcherons – boirons – rapporterons – ferai – donnerai.

6️⃣ • deux • d'eux • d'eux • deux • temps • Tant

Bilan 3

PAGE 38

1️⃣ • Je préviendrai lorsque nous arriverons.
• Tu seras très sage.
• Il devra se dépêcher.
• Nous partirons de bonne heure.
• Vous boirez une grenadine.
• Ils mangeront du chocolat.

2️⃣ j'appellerai, tu appelleras, il appellera, nous appellerons, vous appellerez, ils appelleront

3️⃣ Bientôt je construirai une machine volante, disait Léonard de Vinci. Ce sera un extraordinaire oiseau de fer avec un bec pointu, des pattes pour se poser, et qui volera très haut. Depuis le ciel, on pourra admirer la terre, quelle merveille ! Ainsi, à l'avenir, on me regardera non seulement comme le peintre de *La Joconde*, mais aussi comme le plus grand des inventeurs !

Dictée 14

PAGE 40

1️⃣ • allée – visité • partis – restés – mis
2️⃣ *Il faut utiliser les mots dans cet ordre :*
beau tapis – ancienne – Maroc – poignet – bracelet – bleu nuit – eux – aussitôt – été dernier.

PAGE 41

3️⃣ • Marie ? Elle est partie...
• Samedi dernier, ils sont allés...
• Il est né...
• Les amies de ma sœur sont venues...
• Tes parents sont restés...
• Comme nous sommes ses amis, nous sommes venus la voir : elle était comblée.

4️⃣ • est allée (aller)
• a visité (visiter)
• s'est promenée (se promener)
• sont restés (rester)
• a soupesé (soupeser)
• a regardé (regarder)
• a acheté (acheter)
• a mis (mettre)

Dictée 15

PAGE 42

1️⃣ • nous sommes allé(e)s
• Nous avons pris
• Nous avons visité
• J'ai regretté – j'ai faits

2 *Il faut utiliser les mots dans cet ordre :*
hier – t'en souviens – ce camarade – dont – thé – cour intérieure – Seulement – là.

PAGE 43

3 • ... des lions, des lionnes et des lionceaux. • ... des écharpes, des chapeaux, de(s) longs manteaux et des parapluies. • ... des châteaux... de(s) très beaux tableaux.

4 • le camarade • le thé • la maison • le siège

* Ce tournoi mortel eut lieu en juin 1559. Le roi Henri II, touché à la tête, aurait dû arrêter le combat, mais il y allait de son honneur : il était sous le regard de la cour et de la belle Diane de Poitiers, sa maîtresse. Le second coup qu'il reçut à l'œil lui coûta la vie.

Dictée 16

PAGE 44

1 • Mon meilleur ami est arrivé   • On est allé
• on a entendu   • qui chantaient
• Il ne connaissait pas   • savait
• c'était   • qui devenait

2 *Il faut utiliser les mots dans cet ordre :* dents – sept – dans – cette – conteur – compteur.

PAGE 45

3 *Il faut souligner en rouge :*
vivait – jouait – As – demande – sont partis – as compris – étaient sortis.
Il faut souligner en bleu :
Amélie – L'homme – tu – ma voisine – Mon père et ma mère – Tu – Les écoliers.

4 *Il faut utiliser les mots dans cet ordre :* sang – cent – s'en – sans.

* Henri IV devint roi de France et de Navarre en août 1589, après s'être converti au catholicisme. Il fut assassiné par Ravaillac le 14 mai 1610 à Paris.

Dictée 17

PAGE 46

1 • a apporté   • s'est installé
• sommes allés   • a eu
• ont applaudi
2 • déjà   • pendant
• voici   • maintenant

3 *Il faut utiliser les mots dans cet ordre :*
magicien – flûte – public – enrouler – son cou – forte.

PAGE 47

4 • apportée • apporté • apportés • apportés
5 • toute • toutes • tous • tout • tous • tous • toutes • tout

Dictée 18

PAGE 48

1 • dansa   • sembla
• applaudit   • lut
• fut   • songea
2 • jamais   • aussi merveilleusement
• alors   • plus
• encore   • voici
3 • le souffle   • Elle souffrait
• la flûte   • un magicien
• un serpent   • apporter
• ordonner   • pendant
• et puis   • maintenant

PAGE 49

4 • Elle fut malade.   • Elle souffrit.
• Elle pleura.   • Nous la consolâmes.
• On lui rendit visite.   • Nous la vîmes enfin sourire.
5 • merveilleux   • merveilleuse
• grandes   • sages
• amoureuses   • sombres

Bilan 4

PAGE 50

1 La ville est infestée par les rats. Les habitants, pour s'en débarrasser, ont appelé le magicien. Celui-ci est venu et a joué sur sa flûte un air qui a surpris toutes les personnes qui étaient là. Alors les rats sont sortis de leurs trous et le magicien les a emmenés vers la rivière où ils se sont tous noyés.

2 *Il faut entourer :*
alors – mais – maintenant – particulièrement – autour – hier – très.

3 • Caroline a acheté une brioche.
• Le chien Oscar a trouvé un os dans le jardin.
• Les os qu'Oscar a ramassés font ses délices.
• Un cirque est arrivé et s'est installé sur la place du village.

Dictée 19

PAGE 52

1 • je pouvais – je serais
• tu venais – nous serions
• j'avais – je viendrais

2 *Il faut utiliser les mots dans cet ordre :* tout le jour – meunier – voilà – berger – pêcheur – musicien.

PAGE 53

3 • Je garderai
• Je m'en irai
• Je ferai

• Je serai
• Il sera

4 • pêcheur
• conteur/conteuse
• laideur
• maîtresse
• chevalier
• cuisinier

• chanteur/chanteuse
• princesse
• trésorier
• imprimeur
• dompteur/dompteuse
• serveur/serveuse

Dictée 20

PAGE 54

1 • devint • devinrent • se transformèrent • rentra • se termina

2 • les bicyclettes
• les gardes armés
• les ennemis

• les vêtements
• les contes
• les robes longues

3 *Il faut utiliser les mots dans cet ordre :*
carrosse – palais (*ou* château) – habit – couronne – hélas – ennemi – Alors – fée – marraine – château (*ou* palais).

PAGE 55

4 • J'avais
• Il était
• Je portais
• Où allaient-ils ?

5 • Ils organisèrent
• Ils vinrent
• Ils eurent
• Ils allèrent
• Ils rentrèrent

* Enfant prodige, Mozart est un célèbre musicien autrichien, né en 1756 et mort en 1791. Il écrivit des symphonies, des concertos, des sonates et des opéras comme *Les Noces de Figaro* et *La Flûte enchantée*.

Dictée 21

PAGE 56

1 • C'était
• Nous allons
• Qu'est-ce qui se passe
• Nous eûmes

• Ce sera
• On se mit
• Nous envoyâmes

2 • J'imaginais qu'il pourrait m'accompagner, mais ce n'était...
• Les planètes du système solaire se déplacent...
• Cela se passait il y a longtemps.
• Songe à ce qui arriverait si...
• Demain, nous irons voir un ballet : ce sera...

3 • d'autres écoles
• d'autres lettres
• d'autres enfants
• d'autres journaux

PAGE 57

4 • Je fis un journal.
• Moi, je l'imprimai.
• J'envoyai une lettre.
• Je reçus la réponse.
• J'écrivis un article.
• On le trouva intéressant.
• Tout le monde fut content.

5 ce matin – c'est dimanche – ce serait – se promener – se lève – se préparer – c'est une bonne idée

* Le roi Louis XIV, né en 1638 et mort en 1715, avait choisi pour emblème un soleil étincelant, l'astre qui donne vie à toute chose sur terre. Et c'est comme un soleil brillant qu'il souhaitait être vu par sa cour.

Dictée 22

PAGE 58

1 • Descendait-elle ?
• Sait-il tout ?
• A-t-il soulevé le nid ?
• Frissonnait-elle ?

2 • un chevreuil – un bouvreuil
• les feuilles
• le chèvrefeuille
• le soleil
• le ciel – l'arc-en-ciel

3 *Il faut utiliser les mots dans cet ordre :* écureuil – longtemps – regarder – déposer – fallait songer – reprendre – aurait dit.

PAGE 59

4 • restée • restées • restés

5 se passait – retenait – réussit – envoya – arrivèrent – s'ouvrit

Dictée 23

1 • Je veux
• Je vais – je connais

• Tu veux
• Je suis

2 • Regarde
• Approche-toi

• Emporte-moi
• Partons

3 • les herbes des champs
• des fourmis laides et noires
• les cieux bleus
• tes ailes

4 *Il faut utiliser les mots dans cet ordre :*
luis – horizon – maintenant – bel oiseau

5 • un rêve
• à présent
• réaliser

• une étoile
• mon frère
• la lumière

6 – Regarde ! – Quoi ? – Il y a dix, vingt, trente bateaux qui se dirigent vers le port. – Oui je sais. C'est une course de voiliers. Mon frère aîné est l'un des concurrents. Comme il est le meilleur, il va sûrement gagner !

7 • des roses rouges
• des voiles blanches
• des sorcières très laides et très méchantes
• une belle fée souriante et gentille

Bilan 5

1 • Je suis parti(e).
• Nous sommes allé(e)s nous promener.
• J'ai fait un gâteau.
• Ils ont été heureux.
• On a joué à chat perché.

2 • Est-ce que ce chat et ce chien sont à toi ?
• La fusée s'élance dans l'espace.
• Les enfants se mettent en rangs.
• D'habitude, il se lève à sept heures mais, ce matin, il ne s'est réveillé qu'à neuf heures.
• Demain, c'est dimanche.
• On s'en va ?

3 Mon chien s'est sauvé encore une fois. Je n'ai pas pu le rattraper. Il a sauté par-dessus les haies et les fossés. Où s'en est-il allé ? Chasser ? Ou bien retrouver son ancien maître ? La dernière fois qu'il s'est échappé, on l'a retrouvé, très fatigué, trois jours après sa disparition, rôdant en bordure de la forêt. Quelqu'un nous l'a ramené. Mais aujourd'hui, où aller le chercher ?

DICTÉE PRÉPARÉE — À bord

Lorsque tous les voyageurs seront là, dit le pilote,
nous appellerons le Président et nous le préviendrons de notre
départ. Nous nous envolerons quelques minutes après.
Les vingt-deux passagers déjà assis sont impatients de partir.
Enfin un petit monsieur, qui s'appelle Monsieur Jean,
arrive en courant, traînant par la main une grosse dame
essoufflée qu'il faudra tirer pour qu'elle entre dans la fusée.

à suivre...

CONSEILS PARENTS

Avant de dicter le texte, demandez à votre enfant comment il écrira : à bord, nous appellerons, envolerons. Attirez son attention sur les mots au pluriel : les voyageurs, quelques minutes.

4 **Le futur. Mets au futur les phrases suivantes.**

- Aujourd'hui, je suis en vacances. Demain, ...
- Je me prépare à prendre l'avion. ....
  ....
- Je suis très content de partir. ....
- Je reviens dans un mois. ....

5 **Le pluriel. Mets au pluriel les phrases qui sont au singulier et au singulier les phrases qui sont au pluriel.**

- Les voyageurs attendent. ....
- Les passagers sont impatients. ....
- Un petit monsieur arrive. ....
- Il entre dans la fusée. ....

N'oublie pas : la marque du **pluriel**, pour les noms et les adjectifs, est le plus souvent un **-s**.

Et maintenant, fais-toi dicter le texte ci-dessous.

DICTÉE NON PRÉPARÉE — L'ordinateur

Pour son anniversaire, mon grand frère aura
un ordinateur. Il pourra envoyer des messages, des vidéos,
écouter de la musique et même téléphoner. Il m'a expliqué :
« J'en aurai besoin pour mes examens, mais je mesurerai, je te
le prêterai. Tu verras, il y aura beaucoup de jeux.
Tu pourras même regarder des films, des dessins animés...
Cet ordinateur, ce sera le bonheur ! »

Corrigés p. 4-5

Plus d'exercices
et de conseils sur
www.hatier-entrainement.com

Préparation à la dictée

JE COMPRENDS

▶ **Le futur simple des verbes** aller **et** venir   Je viendrai demain.

Au futur simple, tous les verbes ont les mêmes terminaisons :
-ai, -as, -a, -ons, -ez, -ont.

ALLER		VENIR	
j'ir**ai**	nous ir**ons**	je viendr**ai**	nous viendr**ons**
tu ir**as**	vous ir**ez**	tu viendr**as**	vous viendr**ez**
il (elle) ir**a**	ils (elles) ir**ont**	il (elle) viendr**a**	ils (elles) viendr**ont**

Apprends par cœur la conjugaison de ces verbes puis récite-la.

▶ **Les noms féminins terminés par le son « é »**

Les noms féminins se terminant par le son **« é »** prennent en général un **e** final.

une soir**ée** – une f**ée** – une rang**ée** – une bouch**ée**…

Attention ! Les noms féminins qui se terminent par **-té** ne prennent pas de **e** final. la fidéli**té** – la méchance**té** – la quali**té** – la beau**té**…

Sauf : la dict**ée** – la mont**ée** – la port**ée** – la jet**ée**…

CONSEILS PARENTS

Faites remarquer à votre enfant qu'au futur, aux 1re et 3e personnes du pluriel, le verbe se prononce de la même façon mais s'écrit différemment : nous irons / ils iront.

1 **Le son « é » à la fin des mots.**
Complète le texte avec les mots suivants :

mangerez – aurez – boirez – dîner – arrivée – soirée.

Nous étions perdus dans le désert. Notre guide, pourtant, avait promis que nous

serions de retour pour le ....*dîné*........ et pour la ...*soirée*...... organisée

en notre honneur. « Vous ....*aurez*........ à vous expliquer auprès de la direction,

à notre ....*arrivée*...», lui dit quelqu'un. « Ne vous inquiétez pas, répondit

notre guide, je retrouverai la piste ; avant que la lune ne se lève, je vous le

promets, vous serez attablés : vous ....*mangerez*..., vous ....*boirez*.......

et me remercierez ! »

Lis toute la phrase avant d'écrire le mot qui la complétera. Barre aussitôt dans la liste celui que tu as écrit.

2 **Les verbes au futur. L'accord sujet-verbe.**
Transforme les phrases en utilisant le sujet indiqué, comme dans l'exemple.
Je préviendrai. → Nous préviendrons.

● Tu mangeras au restaurant. → Vous ....

● Tu boiras des choses délicieuses. → Vous ....

● Vous vous reposerez quelques minutes. → Nous ....

● Je ne rentrerai pas. → Tu ....

● Tu auras une surprise. → Vous ....

DICTÉE PRÉPARÉE ## L'arrivée sur Mars

— Nous nous poserons dans quelques minutes, annonce le pilote. Vous aurez une bonne surprise pour votre première soirée sur Mars : vous irez dîner au restaurant de la station. Vous mangerez et vous boirez des choses délicieuses.

La grosse dame est très contente, car justement, elle meurt de faim. Mais son mari la prévient : « Si tu manges trop, tu ne rentreras plus dans la cabine. »

à suivre...

CONSEILS PARENTS

Avant de dicter le texte, lisez-le à haute voix en vous arrêtant pour demander à votre enfant comment il écrira les mots terminés par le son « é » : l'arrivée, soirée, dîner mais aussi vous aurez, vous irez, vous mangerez.

Tu noteras que le mot **dictée** est une exception car il se termine par **-tée**.

3 **Les mots en -é ou -ée. Souligne en rouge les mots terminés par -ée et en bleu les mots terminés par -té. Entoure chaque terminaison.**

la cheminée – la beauté – la cuillerée – la dictée – la royauté – la rosée – la bouchée – la bouée – la qualité – la soirée – la médiocrité – la gaieté – la quantité

4 **Le futur simple.**
Mets les verbes entre parenthèses au futur simple.

(*venir*) ....-tu avec nous, demain ? - Non, je ne (*venir*) .... pas.

Quand tu (*être*) .... d'accord pour nous accompagner, appelle-moi !

Et vous, où (*aller*) ....-vous ? – Nous (*aller*) .... à la montagne,

chez nos cousins. Nos voisins, eux, n'(*aller*) .... nulle part ; alors nous

leur (*confier*) .... pour l'été, nos chiens, nos chats et notre cochon

d'Inde ! Je suppose qu'ils en .... (*être*) très contents. Je leur en (*parler*)

.... la prochaine fois que je les (*apercevoir*) .... !

Et maintenant, fais-toi dicter le texte ci-dessous.

DICTÉE NON PRÉPARÉE ## Cher oncle Albert

Lorsque tu viendras à la maison, cet été, pourras-tu apporter des cannes à pêche, des hameçons et les fils pour attraper des poissons ? Il ne faudra pas oublier la brochette ni celle de tante Charlotte : j'espère bien que cette année, elle n'aura plus peur de tomber et qu'elle viendra se promener avec nous.

À bientôt !

Corrigés p. 5

Plus d'exercices et de conseils sur www.hatier-entrainement.com

Préparation à la dictée

JE COMPRENDS

▸ **Le futur simple des verbes voir et prendre** Je verrai demain.

Au futur simple, tous les verbes ont les mêmes terminaisons : **-ai, -as, -a, -ons, -ez, -ont.**

VOIR		PRENDRE	
je ve**rr**ai	nous ve**rr**ons	je prend**r**ai	nous prend**r**ons
tu ve**rr**as	vous ve**rr**ez	tu prend**r**as	vous prend**r**ez
il (elle) ve**rr**a	ils (elles) ve**rr**ont	il (elle) prend**r**a	ils (elles) prend**r**ont

Apprends par cœur la conjugaison de ces verbes puis récite-la.

▸ **Les préfixes**
Les préfixes se placent **devant certains mots** pour leur donner un autre sens.

re-, ré-, r- : lire, **re**lire – écrire, **ré**écrire (ou **ré**crire)

dé-, dés- : tendre, **dé**tendre – armer, **dés**armer

in-, im- : capable, **in**capable – parfait, **im**parfait

CONSEILS PARENTS
Demandez à votre enfant d'épeler les terminaisons des verbes au futur : r suivi de -ai, -as, -a, -ons, -ez, -ont. De plus, faites-lui remarquer que le verbe voir s'écrira avec deux r.

1 **Le futur. Mets les verbes au futur.**

● Il faut partir. ....

● Je ne vois plus mes amis. ....

● Je lui demande. ....

● Je reçois les journalistes. ....

2 **Le son -é à la fin des verbes. Ajoute -ai, -ez ou -é.**

● Vous voyag....... ? ● Plus tard, vous voyager....... .

● Moi aussi, je voyager....... . ● Tu as déjà voyag....... ?

● Vous pleur....... ? ● Vous la reverr....... !

● Moi, je vous attendr....... .

3 **Les préfixes. Ajoute devant les mots : re-, ré-, r-, dé-, in- ou im-.**

● voir : ....   ● faire : ....

● fini : ....   ● venir : ....

● possible : ....   ● écrire : ....

Il y a parfois plusieurs préfixes possibles. Par exemple : **tourner** → **re**tourner / **dé**tourner.

4 **Les mots invariables. Souligne les mots invariables de cette liste.**

voici – plus – noir – monsieur – premier – mais – chacun – homme – justement

DICTÉE PRÉPARÉE ## À la télévision

— Mesdames et messieurs, bonsoir.
Je recevrai ce soir, au cours du journal télévisé, les premiers voyageurs de l'espace. Je demanderai à chacun d'eux de répondre à deux questions. Justement, les voici. Mais, monsieur, pourquoi pleurez-vous ?
— Je ne reverrai plus ma femme, dit le petit homme en noir. Elle a tellement grossi qu'elle ne peut plus entrer dans la fusée !

FIN

CONSEILS PARENTS

Avant de dicter le texte à votre enfant, lisez-le à haute voix en vous arrêtant pour lui demander par exemple comment il écrira les verbes terminés par le son « é » : je recevrai, pleurez-vous, reverrai, entrer mais aussi les mots télévisé, fusée. Par ailleurs, les dictées des pages 31, 33, 35 et 37 racontent une histoire. Demandez à votre enfant de vous la résumer.

5 **Le futur. Complète en mettant ces verbes au futur.**

Dans la forêt, nous (*aller*) .... cueillir des champignons. Dans les

champs, nous (*marcher*) .... en chantant de jolies chansons. L'eau

claire des fontaines nous (*boire*) .... et des fleurs des prés (*rapporter*)

.... Je (*faire*) .... un joli bouquet de marguerites,

de boutons d'or et de bleuets. Et à maman je le (*donner*) ....

en échange d'un baiser.

6 **Les homonymes. Complète avec tant ou temps, deux ou d'eux.**

Je les ai rencontrés tous les .... Ils marchaient sous la pluie et chacun

.... portait un chapeau rabattu sur ses yeux. Lorsque je suis passé, aucun

.... ne m'a vu ; je veux dire aucun des .... ● Il fait très chaud ; le

.... est orageux. .... qu'il y aura un risque de pluie, je ne sortirai pas.

Comme tu le sais, les **homonymes** sont des mots qui se prononcent de la même manière, mais qui n'ont pas le même sens.

Et maintenant, fais-toi dicter le texte ci-dessous.

DICTÉE NON PRÉPARÉE ## Un déménagement

[texte imprimé à l'envers]
Nous allons encore déménager. Mes parents sont heureux. « Tu verras, ce sera mieux ! » disent-ils. Moi, je ne suis pas content. Je perdrai mes amis. Bien sûr, je les appellerai et ils m'appelleront, mais nous ne jouerons plus ensemble pendant les récréations. Nous ne nous verrons plus après la classe. Il nous restera les vacances ; je les inviterai et ils m'inviteront, mais en attendant, sans eux, le temps me semblera long.

Corrigés p. 5

Plus d'exercices et de conseils sur www.hatier-entrainement.com

Bilan

1 L'accord sujet-verbe

Relie le verbe à son sujet (il n'y a qu'une possibilité).

Compte 1 point par bonne réponse.

Je •   • seras très sage.

Tu •   • préviendrai lorsque nous arriverons.

Il •   • mangeront du chocolat.

Nous •   • boirez une grenadine.

Vous •   • partirons de bonne heure.

Ils •   • devra se dépêcher.

Note.........../ 6

2 Le futur

Conjugue au futur simple et à toutes les personnes le verbe appeler.

Compte 1 point par bonne réponse.

....

....

....

Note.........../ 6

3 Dictée préparée

Mets les verbes au futur.
Demande ensuite à un adulte de te dicter le texte.

Compte 2 points par bonne réponse.

Une machine volante

– Bientôt je (*construire*) .... une machine volante, disait Léonard

de Vinci. Ce (*être*) .... un extraordinaire oiseau de fer avec un bec

pointu, des pattes pour se poser, et qui (*voler*) .... très haut.

Depuis le ciel, on (*pouvoir*) .... admirer la terre, quelle merveille !

Ainsi, à l'avenir, on me (*regarder*) .... non seulement comme

le peintre de *La Joconde*, mais aussi comme le plus grand des inventeurs !

Note (préparation)
................./ 10

Note (dictée)
.............../ 10

4 Dictée non préparée
Le futur de l'indicatif

Un chevalier du Moyen Âge

Demain matin, je serai fait chevalier. Je promettrai de défendre les pauvres et de respecter Dieu. Mon parrain frappera mon épaule de son épée : je serai chevalier !
Ensuite, je m'inclinerai devant ma dame, je sauterai sur mon cheval et je commencerai à faire fortune grâce à mon adresse dans les tournois, chez les seigneurs et chez le roi.

D'après *La Vie privée des grands hommes*, Éd. Hachette

Note . . . . / 10

5 Dictée non préparée
Le futur de l'indicatif

La femme du meunier

Quand je serai grande, dit la jolie fille du laboureur, je me marierai avec le meunier du grand pont. Nous aurons des valets et nous ne manquerons jamais de pain.
Je préparerai les repas, j'élèverai nos enfants mais, surtout, je garderai le moulin pendant que mon mari partira chercher le blé à moudre ou livrera la farine. Plus tard, mon fils aîné sera meunier. Les autres seront soldats.

Histoire CM, Éd. Hatier

Note . . . . / 10

Corrigés p. 5

Plus d'exercices
et de conseils sur
www.hatier-entrainement.com

Préparation à la dictée

JE COMPRENDS

▶ **Le passé composé avec avoir ou être**

Elle a chanté. Ils sont allés l'applaudir.

Le passé composé se forme avec le **présent** de **être** ou **avoir** suivi du **participe passé** du verbe.

CHANTER

j'**ai** chant**é**	nous **avons** chant**é**
tu **as** chant**é**	vous **avez** chant**é**
il (elle) **a** chant**é**	ils (elles) **ont** chant**é**

ALLER

je **suis** all**é(e)**	nous **sommes** all**é(e)s**
tu **es** all**é(e)**	vous **êtes** all**é(e)s**
il (elle) **est** all**é(e)**	ils (elles) **sont** all**é(e)s**

Apprends par cœur la conjugaison de ces verbes puis récite-la.

▶ **L'accord du participe passé**

Construit avec **être**, le participe passé **s'accorde avec le sujet du verbe**.
On trouve le sujet en posant la question **Qui est-ce qui ?** (ou **Qu'est-ce qui ?**) avant le verbe.

Nos parents sont sortis. Qui est-ce qui est sorti ?
Nos parents (sujet pluriel).

CONSEILS PARENTS

On parle de passé composé car ce temps est composé de deux mots : l'auxiliaire être ou avoir et le participe passé du verbe. Votre enfant doit donc bien connaître la conjugaison au présent des verbes être et avoir.

① **L'accord du participe passé. Écris le participe passé des verbes.**

● Léonie est (*aller*) .... en Égypte. Elle a (*visiter*) .... les pyramides. ● Pierre et Valentine, eux, sont (*partir*) .... pour le Maroc. Ils y sont (*rester*) .... une semaine. Pierre a offert à Valentine un collier qu'elle a aussitôt (*mettre*) .... à son cou.

② **Les mots difficiles. Complète le texte avec ces mots :** poignet – été dernier – beau tapis – bracelet – Maroc – ancienne – aussitôt – eux – bleu nuit.

Pour obtenir un tapis volant, il faut prendre un .... très épais et très long. Il faut qu'il soit d'une fabrication .... Il est important qu'il ait été tissé au .... ou en Iran. Vous vous asseyez dessus en vous y attachant solidement par le .... grâce à un .... en cuir. À ce moment-là, vous récitez la formule magique. Alors le ciel devient .... , tandis que les oiseaux, ... , s'arrêtent un instant de chanter. Et hop ! .... , vous vous élancez dans les airs. C'est ainsi que, l'........................ , grâce à mon tapis, je suis allée jusqu'en Chine.

Tu retrouveras tous les mots difficiles de cet exercice dans la dictée préparée p. 41.

DICTÉE PRÉPARÉE   ## Les marchés

L'été dernier, Mina est allée au Maroc avec ses parents. Avec eux, elle a visité plusieurs villes et elle s'est promenée sur des marchés particulièrement intéressants. Ils sont restés longtemps à admirer des miroirs dorés, des objets en cuir, de grands plateaux de cuivre et beaucoup d'autres choses. Son père a soupesé une arme ancienne et sa mère a regardé un très beau tapis bleu nuit. Mina, elle, a acheté un bracelet magnifiquement décoré qu'elle a aussitôt mis à son poignet.

à suivre...

CONSEILS PARENTS

Avant de dicter le texte à votre enfant, posez-lui des questions sur les participes passés du texte : comment écrira-t-il (elle) est allée, a visité, Ils sont restés, a soupesé, a mis.

3 L'accord du participe passé.
Ajoute, quand c'est nécessaire, les terminaisons manquantes.

● Marie ? Elle est parti........ en Bretagne. ● Samedi dernier, ils sont allé........ au cinéma. ● Il est né........ en Angleterre. ● Les amies de ma sœur sont venu........ à la maison. ● Tes parents sont resté........ chez eux pendant les vacances. ● Comme nous sommes ses amis, nous sommes venu........ la voir : elle était comblé........ .

Souviens-toi que l'accord du participe passé se fait avec le sujet du verbe **uniquement** quand il est conjugué avec l'auxiliaire **être**. Pose-toi alors la question : Qui est-ce qui est parti ? C'est elle (Marie).

4 Le passé composé.
Cherche dans la dictée tous les verbes au passé composé.
Recopie-les ci-dessous en écrivant entre parenthèses leur infinitif.

....

....

....

Et maintenant, fais-toi dicter le texte ci-dessous.

DICTÉE NON PRÉPARÉE   ## La bougie

J'ai fabriqué une bougie. Blanche, brillante et lisse, elle était très belle. J'ai mis une mèche au milieu et j'ai collé des décorations tout autour. Ensuite, j'ai fait un joli paquet que j'ai entouré d'un ruban rouge. Enfin, j'ai ajouté une étiquette sur laquelle j'ai écrit : « Bonne fête. » Chaque j'ai donné mon cadeau à maman, elle a souri de bonheur.

Corrigés p. 5

Plus d'exercices et de conseils sur www.hatier-entrainement.com

Préparation à la dictée

JE COMPRENDS

▸ **Le passé composé avec avoir**   J'ai pris mon livre.

MANGER

j'**ai** mang**é**	nous **avons** mang**é**
tu **as** mang**é**	vous **avez** mang**é**
il (elle) **a** mang**é**	ils (elles) **ont** mang**é**

PRENDRE

j'**ai** pri**s**	nous **avons** pri**s**
tu **as** pri**s**	vous **avez** pri**s**
il (elle) **a** pri**s**	ils (elles) **ont** pri**s**

Apprends par cœur la conjugaison de ces verbes puis récite-la.

▸ **L'accord du participe passé construit avec avoir**
Construit avec **avoir**, le participe passé **s'accorde avec le complément d'objet direct du verbe** s'il est placé **avant le verbe**. On trouve le COD en posant la question **Quoi ?** ou **Qui ?** après le verbe.

> Les nids que les oiseaux **ont** fabriqu**és**.
> (Les oiseaux ont fabriqué quoi ? Des nids. Le COD est avant le verbe : le participe passé s'accorde avec le COD.)

CONSEILS PARENTS
Les verbes en -er comme manger ont un participe passé en -é. Pour les autres, c'est différent. Insistez sur le -s de pris. La 2ᵉ partie de la leçon est difficile : lisez avec votre enfant la manière de repérer le COD d'un verbe pour accorder le participe passé. Il aura l'occasion de revoir ce point important en CM2.

1 Le passé composé.
Mets les verbes au passé composé.

L'été dernier, nous (*aller*) .... en Afrique. Nous (*prendre*)

.... l'avion. Nous (*visiter*) ....

des réserves d'animaux sauvages. J'(*regretter*) .... de ne pas

avoir pris de photos mais je te montrerai les dessins que j'ai (*faire*) ....

2 Les mots difficiles.
Complète le texte en utilisant les mots suivants :
hier – dont – ce camarade – là – Seulement – cour intérieure – thé – t'en souviens.

J'ai rendu .... ma première rédaction. On nous demandait,

tu ...., de raconter un voyage. Alors, j'ai évoqué ma visite chez

.... qui habite l'Algérie, cette république d'Afrique du Nord

.... on nous a tellement parlé. J'ai raconté que tous les jours nous

prenions le .... chez cet ami, dans la belle ...., pleine

de fleurs, de sa magnifique maison. ...., ce n'est pas la vérité :

je ne suis jamais allé ....-bas !

Lis toute la phrase avant d'écrire le mot qui la complétera. Barre aussitôt dans la liste celui que tu as écrit.

DICTÉE PRÉPARÉE   ## Une visite

Chère Mélissa,

Hier, nous sommes allés chez Sidi, ce camarade que tu avais rencontré dans notre classe. Nous avons visité sa maison, dont toutes les pièces s'ouvrent sur une cour intérieure et dont les fenêtres sont petites et voûtées. Nous avons ensuite pris le thé, assis sur des sièges très bas, et nous avons mangé des gâteaux au miel que sa mère avait faits.
Si seulement tu avais été là ! Bons baisers.

Charlotte

à suivre...

CONSEILS PARENTS

Avant de dicter le texte à votre enfant, posez-lui des questions sur les participes passés : comment écrira-t-il (nous) sommes allés, avons visité, avons pris, avons mangé, avait faits. Insistez aussi sur les mots au pluriel : les pièces, les fenêtres, des gâteaux.

*Souviens-toi que les mots en -**eau** s'écrivent -**eaux** au pluriel.*

3 **Le pluriel.**
Mets au pluriel les noms et les adjectifs des phrases suivantes.

● Je suis allé au cirque et j'ai vu un lion, une lionne et un lionceau.

J'ai vu des ....

● Elle a acheté une écharpe, un chapeau, un long manteau et un parapluie.

Elle ....

● Il a visité un château et admiré un très beau tableau.

Il ....

4 **Les familles de mots. Trouve dans la dictée des mots de la même famille.**

● la camaraderie → ....   ● la maisonnette → ....

● la théière → ....   ● siéger → ....

Et maintenant, fais-toi dicter le texte ci-dessous.

DICTÉE NON PRÉPARÉE   ## Un tournoi mortel*

Lorsque le roi Henri II, monté sur son beau cheval, est entré dans l'arène, un murmure d'admiration s'est élevé dans les gradins. Il affronta, les maréchaux et les dames. Le duc, son adversaire, s'est incliné et le tournoi a commencé. Mais voilà que le roi touché une première fois a réclamé malgré tout une dernière joute. « C'est un ordre ! » a-t-il tonné... Alors les trompettes ont sonné. Mais la lance du duc, cette fois, a pénétré sous la visière : Henri II a été mortellement blessé.
Moralité : à force d'entêtement, on peut perdre la tête.

CONSEILS PARENTS

Comment votre enfant explique-t-il la moralité du texte (dernière ligne) ? L'astérisque renvoie à des explications situées dans les corrigés.

Corrigés p. 5-6

Plus d'exercices et de conseils sur **www.hatier-entrainement.com**

Préparation à la dictée

JE COMPRENDS

▶ **L'imparfait et le passé composé** Je savais ! J'ai toujours su !

SAVOIR

Imparfait		Passé composé	
je sav**ais**	nous sav**ions**	j'**ai** su	nous **avons** su
tu sav**ais**	vous sav**iez**	tu **as** su	vous **avez** su
il (elle) sav**ait**	ils (elles) sav**aient**	il (elle) **a** su	ils (elles) **ont** su

Apprends par cœur les conjugaisons de ce verbe puis récite-les.

▶ **Les homonymes**

Les homonymes sont des mots qui se **prononcent** de la **même manière**, mais s'écrivent **différemment** et ont un sens différent.

> Le **compteur** de la voiture tourne. (de compter)
> Le **conteur** nous racontait de belles histoires. (de raconter)
> **Cette** histoire nous a émus. (celle-ci)
> Barbe bleue a eu **sept** femmes. (le nombre)

1 **L'imparfait et le passé composé.**
Mets les verbes à l'imparfait (I) ou au passé composé (PC).

Mon meilleur ami (*arriver*, PC) .... hier soir.

On (*aller*, PC) .... se promener ensemble.

Dans les bois, on (*entendre*, PC) .... des oiseaux qui (*chanter*, I)

.... doucement.

Il ne (*connaître*, I) .... pas la campagne et ne (*savoir*, I)

.... pas que, la nuit, c'(*être*, I) ....

un monde qui (*devenir*, I) .... plein de mystères.

2 **Les homonymes. Complète ces phrases avec les mots suivants :**
cette – conteur – dans – sept – compteur – dents.

● Le loup avait de très grandes .... blanches.

● J'ai revu le film *Blanche-Neige et les* .... *nains*.

● Maman a mis de la vanille .... le gâteau.

● Je ne connaissais pas .... chanson, elle est superbe !

● À l'école est venu un .... africain.

● Le .... de la voiture affiche la vitesse à laquelle on roule.

Peux-tu dire quels mots de la liste sont des **homonymes** ?

DICTÉE PRÉPARÉE ## Le conteur

Il y a une semaine, un conteur est arrivé dans le village de Sidi. Cet homme, qui ne savait ni lire ni écrire, connaissait par cœur des centaines de récits. Sidi, curieux, est allé l'écouter. Il a entendu la longue et belle histoire d'un jeune garçon pauvre. Celui-ci, parce qu'il chantait merveilleusement bien, devenait le protégé d'un roi riche et puissant...

à suivre...

CONSEILS PARENTS

Avant de dicter le texte, demandez à votre enfant comment il écrira les mots terminés par le son « é » : arrivé, le protégé ou des mots comme curieux et merveilleusement.

3 **L'accord du verbe et du sujet.** Souligne d'un trait rouge le verbe de chaque phrase et d'un trait bleu le sujet avec lequel il s'accorde.

● Amélie, âgée maintenant de 80 ans, vivait en compagnie d'un chien, d'un chat et d'un perroquet. ● L'homme, habillé de noir et coiffé d'un grand chapeau, jouait de la mandoline. ● « As-tu un taille-crayon à me prêter ? » me demande ma voisine. ● Mon père et ma mère sont partis en voyage. ● « Tu as compris ? » ● Les écoliers, enfin libres de rire et de courir, étaient sortis avec des cris de joie dans la cour de récréation.

Pour trouver le sujet du verbe, pose la question : **Qui est-ce qui ?** Par exemple : *Qui est-ce qui vivait... ? C'est Amélie.*

4 **Les homonymes.** Complète ces phrases avec les mots suivants :
cent – sang – sans – s'en.

● En classe, on a parlé de la composition du .... ● Ces jeux coûtent .... euros. ● Elles .... allèrent bras-dessus, bras-dessous.

● J'aimerais un café .... sucre, s'il vous plaît !

Et maintenant, fais-toi dicter le texte ci-dessous.

DICTÉE NON PRÉPARÉE ## Roi de France et de Navarre*

[Texte présenté à l'envers :]

Enfant, le futur Henri IV habitait dans le château de sa mère, la reine de Navarre. Il devait étudier, mais il n'aimait ni le latin, ni les mathématiques. Il n'aimait pas non plus qu'on lui parle de religion : son père était catholique, sa mère protestante.

— Mon Dieu, mon Dieu, comment choisir ? se demandait-il.

Mais c'est l'Histoire qui, finalement, a décidé pour lui : pour devenir roi de France, il devait être catholique. « Paris vaut bien une messe », a-t-il expliqué en riant...

As-tu déjà entendu parler d'Henri IV ? Qui était-il ?

Corrigés p. 6

Plus d'exercices et de conseils sur www.hatier-entrainement.com

17 Préparation à la dictée

JE COMPRENDS

▶ **Les temps simples et les temps composés de l'indicatif**

Je chante. J'ai chanté.

– Le présent, l'imparfait, le passé simple, le futur sont des **temps simples**.

je chante, je chantais, je chantai, je chanterai
je pars, je partais, je partis, je partirai

Dans ce cas, on **accorde** le verbe avec son sujet.
– Le **passé composé** est composé d'un auxiliaire conjugué au présent et d'un verbe au participe passé. j'ai chanté – je suis parti(e)
Dans ce cas, attention à l'**accord du participe passé** ! (Voir p. 40 et 42.)

▶ **Le sujet et le complément d'objet direct (COD)**
On trouve le sujet en posant la question **Qui est-ce qui ?** (ou **Qu'est-ce qui ?**) avant le verbe. Toi, tu chantes bien. (Qui est-ce qui chante bien ? Toi.)
On trouve le COD en posant la question **Quoi ?** ou **Qui ?** après le verbe.

Elle a lu une histoire. (Elle a lu quoi ? Une histoire.)

CONSEILS PARENTS
Cette leçon permet de faire le point sur la composition des temps et sur l'accord du participe passé. Lisez-la avec votre enfant et vérifiez qu'il l'a bien comprise.

1 **Le présent et le passé composé. Mets les verbes au passé composé.**

Mon cousin nous (*apporte*) .... des billets : un cirque

(*s'installe*) .... sur la place du village ! Alors nous y (*allons*)

.... Le spectacle (*a*) .... beaucoup

de succès et, à la fin, tous les enfants (*applaudissent*) ....

2 verbes au passé composé emploient **être** : quel est leur sujet ?
3 verbes au passé composé utilisent **avoir** : quel est leur COD ?

2 **Les mots invariables. Complète avec les mots suivants :**
maintenant – pendant – voici – déjà.

● Il fait .... nuit. ● Ils marchèrent .... des heures.

● Et .... qu'ils étaient arrivés.

● Que vont-ils faire, ... ?

3 **Les mots difficiles. Complète le texte avec les mots suivants :**
enrouler – son cou – public – magicien – flûte – forte.

Ce matin-là, lorsque le .... entra dans la ville, il n'était pas content :

il avait rendu service aux habitants et n'avait pas été payé. Il commença donc

à jouer de la .... , puis, quand le .... fut là, il ordonna

à son boa de s'..................... autour de .... et, d'une voix

.... , il s'adressa aux enfants : « Vous, suivez-moi ! »

DICTÉE PRÉPARÉE   **Le magicien**

Un soir, il y a eu un spectacle en plein air. Un magicien s'est présenté. Il a ouvert la grosse malle jaune qu'il avait apportée et a ordonné d'une voix forte : « Sortez, serpents mauvais ! Et courbez la tête ! Maintenant, levez-vous ! Saluez tout le monde, puis venez près de moi ! » Et pendant que l'homme jouait de la flûte, les serpents ont obéi, puis sont allés s'enrouler autour de son cou. Tous les spectateurs ont applaudi.

FIN

CONSEILS PARENTS

Avant de dicter le texte, demandez à votre enfant comment il écrira avait apportée : pourquoi faut-il un -e à la fin ? Et sont allés : pourquoi un -s à la fin ? Comment écrira-t-il : une voix et la flûte ?

4 L'accord du participe passé.
Complète avec le participe passé du verbe apporter **et accorde-le.**

● Il ouvre la grosse malle qu'il a ....

● Elle ouvre le sac rouge qu'elle a ....

● On ouvre les cadeaux qu'il a ....

● Elles ouvrent les paquets qu'elles ont ....

5 tout, tous, toute **ou** toutes **? Complète par** tout, tous, toute **ou** toutes**.**

Lorsque vous aurez salué .... l'assemblée, lorsque vous aurez salué

.... ces personnes, lorsque vous aurez salué .... vos amis,

lorsque vous aurez salué .... le monde, alors que d'applaudissements !

Les enfants, venez ....! Oui, ... les garçons

et .... les filles. Vous allez être .... à fait étonnés !

Souviens-toi qu'avant un nom au **pluriel**, il faut écrire **tous** ou **toutes**.

Et maintenant, fais-toi dicter le texte ci-dessous.

DICTÉE NON PRÉPARÉE   **Le sorcier et son apprenti**

à suivre...

[texte inversé]
Il était une fois, en Égypte, il y a plus de trois mille ans, un sorcier très respecté qui avait de grands pouvoirs. Des princes eux-mêmes venaient lui demander de l'aide. Or, cette année-là, il prit chez lui un jeune garçon âgé de douze ans. Il commença à lui enseigner la science magique qui faisait alors la réputation des grands magiciens. Mais un jour, il dut s'absenter. Il dit à son élève : « Pendant que je ne suis pas là, nettoie le sol de la maison. » Et il s'en alla.

Corrigés p. 6

Plus d'exercices et de conseils sur www.hatier-entrainement.com

47

Préparation à la dictée

JE COMPRENDS

▶ Le passé simple des verbes avoir et être

Ils furent heureux et eurent beaucoup d'enfants.

AVOIR		ÊTRE	
j'e**us**	nous e**ûmes**	je f**us**	nous f**ûmes**
tu e**us**	vous e**ûtes**	tu f**us**	vous f**ûtes**
il (elle) e**ut**	ils (elles) e**urent**	il (elle) f**ut**	ils (elles) f**urent**

Apprends par cœur la conjugaison de ces verbes puis récite-la.

▶ Les mots invariables

Certains mots s'écrivent toujours **de la même manière** (ils n'ont ni singulier ni pluriel).

toujours – jamais – plusieurs – quelquefois – longtemps
– pourquoi – parce que – maintenant – beaucoup – enfin

Apprends ces mots par cœur puis écris-les pour bien les mémoriser.

CONSEILS PARENTS

Expliquez à votre enfant que le passé simple s'emploie surtout à l'écrit : Il arriva dans une grande forêt et se sentit perdu. Faites-lui réciter ces deux conjugaisons en lui demandant d'épeler les terminaisons des verbes.

1 **Le passé simple. Écris les verbes entre parenthèses au passé simple.**

Elle (*danser*) .... très bien. Elle (*sembler*) ....

si heureuse sur scène ! On l'(*applaudir*) ....

Le lendemain, elle (*lire*) .... les journaux et (*être*) ....

heureuse : on la trouvait extraordinaire ! Elle (*songer*) .... : c'est

cela, le succès !

2 **Les mots invariables. Complète avec les mots suivants :**
voici – alors – jamais – encore – plus – aussi merveilleusement.

Elle n'avait .... entendu une musique ....

.... belle. Elle mit .... le son beaucoup

.... fort et l'écouta .... et encore.

Bientôt, sans y penser, ... qu'elle se mit à danser.

L'orthographe des mots qui s'écrivent toujours de la même manière est importante : apprends à écrire ceux de l'encadré leçon et retiens ceux de cet exercice.

3 **Les mots difficiles. Ajoute les lettres qui manquent.**

- le souf........le du vent - Elle souf........rait beaucoup.

- Il jouait de la fl........te. - un magi........ien - un serpen........

- ap........orter - ordo........ner - pendan........

- et pui........ - maintenan........

DICTÉE PRÉPARÉE La Petite Sirène

Un soir, la maman de Jeanne lui lut un conte. En voici la fin : « Elle songea au jour où, pour la première fois, elle était montée à la surface de la mer. Alors, pour oublier, elle dansa à en perdre le souffle... Tout le monde l'applaudit et, à la vérité, jamais elle n'avait dansé si merveilleusement. Il lui sembla que ses petits pieds étaient déchirés par des lames. Mais la souffrance de son âme fut plus grande encore, car elle sut qu'elle voyait pour la dernière fois celui qu'elle aimait. »

D'après **Hans Christian Andersen**, *Contes*.

CONSEILS PARENTS

Avant de dicter le texte, demandez à votre enfant comment il écrira les verbes au passé simple : lut, songea, dansa, sembla, fut, sut. Insistez sur les deux p de applaudir et les deux f de souffrance.

4 **Le passé simple. Mets les verbes au passé simple.**

● Elle est malade. .... ● Elle souffre. ....

.... ● Elle pleure. .... ● Nous la

consolons. .... ● On lui rend visite. ....

.... ● Nous la voyons enfin sourire. ....

Pour mettre des phrases au **passé simple**, imagine le récit écrit **d'événements passés** : *l'an dernier, elle partit...* N'oublie pas **l'accent circonflexe** sur les terminaisons des 1re et 2e personnes du pluriel.

5 **Le genre et le nombre. Termine les mots.**

● C'était merveilleu........ . ● Elle était merveilleu........ . ● Ses sœurs étaient plus

grand........ qu'elle. ● Elles étaient plus sage........ et elles n'étaient pas

amoureu........ ! ● Du bateau, elle apercevait les rochers sombre........ du rivage.

Et maintenant, fais-toi dicter le texte ci-dessous.

DICTÉE NON PRÉPARÉE L'apprenti sorcier

[texte imprimé à l'envers]

Le jeune garçon était débrouillard, mais le travail demandé était long et fatigant. Alors il eut une idée : pourquoi ne pourrait-il pas utiliser des nouveaux pouvoirs ? Il prit donc sa baguette magique et ordonna à l'eau de laver le sol. Lorsque cela fut fait, il voulut arrêter l'eau de couler, mais il ne connaissait pas la formule à employer. Bientôt, la maison déborda sous les flots. Lorsque son maître arriva, il comprit ce qui s'était passé. Il chassa de sa maison cet apprenti sorcier qui n'était pas digne de devenir sorcier.

Bilan

1 Les verbes au passé composé

Écris au passé composé les verbes entre parenthèses.

Compte 2 points par bonne réponse.

La ville est infestée par les rats. Les habitants, pour s'en débarrasser, (*appeler*)

.... le magicien. Celui-ci (*venir*) ....

et (*jouer*) .... sur sa flûte un air qui (*surprendre*)

.... toutes les personnes qui étaient là.

Alors les rats (*sortir*) .... de leurs trous et le magicien

les (*emmener*) .... vers la rivière où ils se sont tous noyés.

Note.........*/* 12

2 Les mots invariables

Entoure les mots qui ont toujours la même orthographe.

Compte 1 point par bonne réponse.

● la sirène ● alors ● mais ● un conte ● mauvais

● maintenant ● la flûte ● le magicien ● particulièrement ● merveilleux

● autour ● centaine ● hier ● doré ● très

Note.........*/* 7

3 Dictée préparée

Mets les verbes entre parenthèses au passé composé.
Puis demande à quelqu'un de te dicter les phrases.

Compte 2 points par bonne réponse.

● Caroline (*acheter*) .... une brioche.

● Le chien Oscar (*trouver*) .... un os dans le jardin.

● Les os qu'Oscar (*ramasser*) .... font ses délices.

● Un cirque (*arriver*) .... et (*s'installer*) ....

sur la place du village.

Note (préparation)
...............*/* 10
Note (dictée)
...............*/* 10

4 Dictée non préparée
Temps simples et temps composés

Un imprimeur d'autrefois

Martin explique à son ami :
— Quand j'aurai mis de l'encre sur la plaque de bois,
je la poserai sous la presse. Alors les images et les lettres
s'imprimeront.
Martin aime le métier qu'il apprend avec son père.
On peut ainsi faire partager ses idées à des milliers de gens.
Son ami, lui, a demandé à sa famille de le laisser devenir
peintre !

D'après *Un imprimeur au temps de Gutenberg*, Éd. Hachette.

Note . . . . / 10

5 Dictée non préparée
Le passé composé

La Joconde

— Je n'ai pas eu que de bonnes idées, dans ma vie, soupirait
ce prince d'Italie. J'ai fait beaucoup de guerres et j'ai oublié
de m'occuper des artistes de mon pays. Ils décoraient pourtant
si bien mes palais !
Le grand Léonard de Vinci est parti chez le roi de France.
Il lui a construit de beaux châteaux et lui a donné
ses tableaux.
J'ai gagné des batailles mais j'ai perdu la Joconde !

Note . . . . / 10

Corrigés p. 6

Plus d'exercices
et de conseils sur
www.hatier-entrainement.com

Préparation à la dictée

JE COMPRENDS

▶ **L'imparfait de l'indicatif et le conditionnel présent**

Si j'étais heureux, je chanterais.

On emploie souvent, dans une même phrase, l'imparfait de l'indicatif et le conditionnel présent.

Au présent du conditionnel, tous les verbes ont les mêmes terminaisons : **-(r)ais, -(r)ais, -(r)ait, -(r)ions, (r)iez, (r)aient**.

AVOIR	ÊTRE	CHANTER
j'aur**ais**	je ser**ais**	je chanter**ais**
tu aur**ais**	tu ser**ais**	tu chanter**ais**
il (elle) aur**ait**	il (elle) ser**ait**	il (elle) chanter**ait**
nous aur**ions**	nous ser**ions**	nous chanter**ions**
vous aur**iez**	vous ser**iez**	vous chanter**iez**
ils (elles) aur**aient**	ils (elles) ser**aient**	ils (elles) chanter**aient**

Apprends par cœur la conjugaison de ces verbes puis récite-la.

▶ **Les suffixes**

-tion, -eur, -esse, -ier, -age, -et, -ette... sont des **suffixes** : ils s'ajoutent à la fin de certains mots et leur donnent un autre sens.

enchanter, enchanteur – tigre, tigresse – pomme, pommier – fille, fillette...

CONSEILS PARENTS

Demandez à votre enfant de lire puis de réciter ces trois verbes en commençant par Si je pouvais, j'aurais..., je serais..., je chanterais... afin qu'il comprenne comment s'emploie le conditionnel.

---

1 **Le conditionnel présent.**
Écris le 1er verbe à l'imparfait de l'indicatif et le 2e verbe au conditionnel présent.

- Si je (*pouvoir*) .... partir avec vous, je (*être*) .... contente.

- Si tu (*venir*) .... avec nous, nous en (*être*) .... heureux.

- Si j'(*avoir*) .... le temps, je (*venir*) .... te voir.

Rappelle-toi : après **si**, il y a un verbe à **l'imparfait**. Le **conditionnel** se trouvera dans la 2e partie de la phrase.

2 **Les mots difficiles.**
Complète le texte avec les mots suivants :

berger – meunier – voilà – musicien – pêcheur – tout le jour.

Dans son moulin, durant .... , le .... devait moudre

le blé.

Mais .... qu'un beau matin, il mit la clé sous la porte et changea

de métier, devenant tour à tour .... dans les prés, ...

au bord des rivières, ... jouant de la flûte.

Lis toute la phrase avant de choisir le mot qui la complétera.

CONSEILS PARENTS

Avant de dicter le texte, demandez à votre enfant comment il écrira les terminaisons des verbes, qui sont tous ici à la 1re personne du singulier.

DICTÉE PRÉPARÉE ## Le roi malheureux

Si j'étais berger, dit le roi, je garderais des moutons et si j'étais meunier, je ferais tourner les moulins.

Si j'étais pêcheur, je m'en irais pêcher et si j'étais musicien, je composerais des chansons tendres.

Mais voilà, je suis le roi et je dois tout le jour ordonner ou exiger. Je donnerais mon royaume pour une autre vie !

Souviens-toi, le **conditionnel** suppose une **condition** : si je pouvais..., je partirais...
Le **futur** est une **affirmation** : oui, je partirai...

3 **Le futur simple et le conditionnel présent. Mets les verbes au futur.**

- Je garderais la maison. ....

- Je serais roi. ....

- Je m'en irais. ....

- Il serait plus heureux. ....

- Je ferais des chansons. ....

4 **Les suffixes. Transforme les mots avec les suffixes** -esse, -eur, -ier **ou** -euse.

- pêcher → ....
- maître → ....

- chanter → ....
- imprimer → ....

- conter → ....
- cheval → ....

- prince → ....
- dompter → ....

- laid → ....
- cuisine → ....

- trésor → ....
- servir → ....

Et maintenant, fais-toi dicter le texte ci-dessous.

DICTÉE NON PRÉPARÉE ## Dorothée et le lion

[texte imprimé à l'envers]

D'après **L. Franck Baum**, *Le magicien d'Oz*, Éd. Hatier.

Le lion résisterait si courageusement à la volonté de la sorcière que chaque nuit, tandis qu'elle dormirait, Dorothée lui apporterait de la nourriture puisée dans le placard de arrière. Son repas terminé, il se coucherait sur la litière de cuisine, et la fillette s'allongerait près de lui, poserait sa tête contre sa douce crinière touffue, et tous deux s'endormiraient, de leurs malheurs et numéroteraient des projets d'évasion.

Corrigés p. 7

Plus d'exercices et de conseils sur www.hatier-entrainement.com

JE COMPRENDS

▶ **L'imparfait et le passé simple** Il marchait, lorsque soudain il vit...

Dans un récit au passé, on emploie souvent, à l'écrit, l'imparfait et le passé simple.

Au passé simple, tous les verbes n'ont pas les mêmes terminaisons.

ORGANISER	ALLER	VENIR
j'organis**ai**	j'all**ai**	je v**ins**
il organis**a**	il all**a**	il v**int**
ils (elles) organis**èrent**	ils (elles) all**èrent**	ils (elles) v**inrent**

Apprends par cœur la conjugaison de ces verbes puis récite-la.

▶ **Les familles de mots**

Les mots de la même famille présentent souvent des **ressemblances orthographiques**. cha**rr**ette – cha**rr**ue – cha**rr**etier – ca**rr**osse **mais** cha**r** – chariot

couro**nn**e – couro**nn**ement

CONSEILS PARENTS

Attirez l'attention de votre enfant sur la similitude entre les premières personnes du singulier à l'imparfait et au passé simple des verbes en **-er** *: par exemple,* j'organis*ais* *et* j'organis*ai.* *La prononciation est proche, c'est le contexte de la phrase qui indique si c'est de l'imparfait ou du passé simple.*

1 **Le passé simple. Mets les verbes au passé simple.**

La citrouille (*devenir*) .... un carrosse. Les méchantes sœurs

(*devenir*) .... des crapauds. Les sorcières (*se transformer*)

.... en fées. La princesse (*rentrer*) ....

chez elle. Ainsi (*se terminer*) .... l'histoire.

Pour répondre, aide-toi des conjugaisons de l'encadré leçon : le verbe **devenir** se conjugue comme **venir** et les trois autres verbes en **-er** comme **organiser**.

2 **Le pluriel. Mets au pluriel.**

● la bicyclette → les .... ● le conte → les ....

● le vêtement → les .... ● l'ennemi → les ....

● le garde armé → les .... ● la robe longue → les ....

3 **Les mots difficiles.**

Complète avec les mots suivants :

château – ennemi – palais – marraine – fée – habit – couronne – Alors – hélas – carrosse.

Le roi, dans son ...., regagnait son .... Portant son

.... doré et sa .... sur la tête, il était magnifique.

Mais .... ! Il fut attaqué par un .... et menacé

de mort. .... il appela la .... sa .... qui,

à travers les airs, le transporta dans son ....

DICTÉE PRÉPARÉE | ## Comme dans un conte

Nous organisâmes un jeu. Notre maison devint un château. Nos bicyclettes devinrent des carrosses et nos vêtements de sport se transformèrent en robes longues et brodées, en habits noirs et lustrés. Moi, devenue princesse, je portais une couronne. Hélas ! malgré les gardes armés, des ennemis du roi mon père s'emparèrent de moi. Mes sujets allaient-ils pouvoir me délivrer ? Mais, comme dans les contes, j'avais une baguette magique et une marraine, qui était fée. Alors tout se termina bien. Bientôt, heureuse, je rentrai au palais, où mes amis m'attendaient.

4 **L'imparfait. Mets les verbes à l'imparfait.**

- J'ai cinq ans. ....
- Il est loin. ....
- Je porte mes habits de fête. ....
- Où vont-ils ? ....

5 **Le passé simple. Écris le verbe à la 3ᵉ personne du pluriel du passé simple.**

- Il organisa un jeu. Ils ....
- Il vint en voiture. ....
- Il eut des cadeaux. ....
- Il alla se promener. ....
- Il rentra tard. ....

Et maintenant, fais-toi dicter le texte ci-dessous.

DICTÉE NON PRÉPARÉE | ## Mozart*

Si j'étais Mozart aujourd'hui, j'étonnerais le monde entier. J'écrirais des musiques encore plus belles, plus légères, plus joyeuses. Et je composerais encore plus vite mes symphonies, car je vois maintenant que ma vie sera bien plus longue... Je me revois, au temps des rois, rencontrant en Autriche la future reine Marie-Antoinette... On m'invitait partout, on m'acclamait partout... Et je redeviendrais Mozart aujourd'hui, ce sont des musiques encore plus réfléchies, plus sérieuses, plus réfléchies que j'écrirais. Je vous étonnerais, et mes nouveaux opéras, c'est à vous que je les offrirais !

Corrigés p. 7

Pour bien écrire les verbes au **passé simple**, réfléchis ! Tu as certainement déjà lu des contes et des récits qui utilisent ce temps. Ainsi : Le petit chaperon rouge **partit** aussitôt pour aller chez sa mère-grand... Ou bien : Les noces ne **furent** pas plus tôt faites, que la belle-mère **fit** éclater sa mauvaise humeur ; elle ne **put** souffrir les bonnes qualités de cette jeune enfant (Cendrillon).

21 Préparation à la dictée

CONSEILS PARENTS

Le verbe faire est irrégulier mais très utilisé. Votre enfant doit connaître ses différentes conjugaisons par cœur.

JE COMPRENDS

▶ **Le présent et le passé simple du verbe faire**

Je fais mes devoirs. Je fis mes devoirs.

FAIRE

Présent		Passé simple	
je fai**s**	nous **faisons**	je fi**s**	nous fî**mes**
tu fai**s**	vous **faites**	tu fi**s**	vous fî**tes**
il (elle) fai**t**	ils (elles) **font**	il (elle) fi**t**	ils (elles) fi**rent**

Apprends par cœur les conjugaisons de ce verbe puis récite-les.

▶ **ce ou se**

– **ce**, avant un nom, peut être remplacé par **le**. Donne-moi **ce** (le) livre.

– **se** fait partie du verbe. Il **se** lève. (Je me lève, tu te lèves...)

1 **Les temps simples. Mets les verbes au présent (P), à l'imparfait (I), au futur (F) ou au passé simple (PS).**

● C'(*être*, I) .... amusant. ● C'(*être*, F) .... amusant.

● Nous (*aller*, P) .... faire une exposition. ● On (*se mettre*, PS)

.... à faire des recherches. ● Qu'est-ce qui (*se passer*, P)

.... ? ● Nous (*envoyer*, PS) .... un courrier

électronique. ● Nous (*avoir*, PS) .... des réponses tout de suite.

2 **ce ou se ? Complète avec ce ou se.**

● J'imaginais qu'il pourrait m'accompagner, mais .... n'était pas possible.

● Les planètes du système solaire .... déplacent autour du Soleil.

● Cela .... passait il y a longtemps.

● Songe à .... qui arriverait si, comme Peter Pan, nous pouvions voler !

● Demain, nous irons voir un ballet : .... sera un beau spectacle, j'en suis sûre !

Pour ne pas faire de faute et distinguer dans quel cas on écrit **ce** ou **se**, regarde attentivement le 2e point de la leçon.

3 **Le pluriel.**
Mets au pluriel les mots suivants en commençant par « d'autres » :

● une école → d'autres ....

● une lettre → ....

● un enfant → ....

● un journal → ....

21

DICTÉE PRÉPARÉE — Un journal

— Nous allons faire un journal, dit la maîtresse. Ce sera une manière plus amusante d'écrire en français. Chacun va rédiger un article sur ce qui se passe ici. Tout le monde se mit au travail. Une fois le numéro terminé, nous l'envoyâmes à d'autres écoles en utilisant l'ordinateur de la classe. Bien sûr, nous eûmes des réponses : le journal d'autres élèves ou simplement des lettres. C'était le début d'une belle et grande aventure !

CONSEILS PARENTS
Avant de dicter le texte, demandez à votre enfant comment il écrira les verbes au passé simple : se mit, envoyâmes, eûmes, et comment il écrira bien sûr, c'était, bientôt.

*Dans le langage oral courant, on emploie le **passé composé** : J'ai fait… ou J'ai envoyé… À l'écrit, le récit se fait plutôt au **passé simple** : Il y a quelque temps, je fis… ou j'envoyai…*

4 Le passé simple. Mets ces phrases au passé simple.

- Je fais un journal. ....
- Moi, je l'imprime. ....
- J'envoie une lettre. ....
- Je reçois la réponse. ....
- J'écris un article. ....
- On le trouve intéressant. ....
- Tout le monde est content. ....

5 ce **ou** se ? Complète les phrases suivantes avec ce (ou c') et se.

Il fait très beau .... matin, pense Martin. Comme ....est dimanche, ... serait une bonne idée d'aller .... promener dans la forêt. Justement, j'entends ma mère qui .... lève. Je vais lui demander, dès qu'elle aura fini de .... préparer, si elle veut bien venir avec moi. J'espère qu'elle trouvera que ....est une bonne idée !

Et maintenant, fais-toi dicter le texte ci-dessous.

DICTÉE NON PRÉPARÉE — Le Roi-Soleil*

[texte imprimé à l'envers]

CONSEILS PARENTS
Demandez à votre enfant pourquoi Louis XIV était appelé le Roi-Soleil… Consultez un dictionnaire ou Internet avec lui si nécessaire.

Corrigés p. 7

Plus d'exercices et de conseils sur **www.hatier-entrainement.com**

Préparation à la dictée

22

JE COMPRENDS

▸ **Le présent et le passé composé**

Je prends le train. J'ai pris le train.

RENDRE

Présent		Passé composé	
je ren**ds**	nous rend**ons**	j'**ai** rend**u**	nous **avons** rend**u**
tu ren**ds**	vous rend**ez**	tu **as** rend**u**	vous **avez** rend**u**
il (elle) ren**d**	ils (elles) rend**ent**	il (elle) **a** rend**u**	ils (elles) **ont** rend**u**

Apprends par cœur les conjugaisons de ce verbe puis récite-les.

▸ **Les noms en -ei et -euil**

On entend le son « **eil** » dans le soleil – le réveil – l'appareil... (noms

masculins qui se terminent par **-l**) et dans une bouteille – une merveille...

(noms féminins qui se terminent par **-lle**).

On écrit avec **-euil** : un chevreuil – un bouvreuil – le seuil

CONSEILS PARENTS

On utilise souvent le présent « Maintenant, je travaille » et le passé composé « Hier, j'ai travaillé ».

1 **La forme interrogative. Pose une question en inversant le sujet.**
Elle est restée. ➜ Est-elle restée ?

- Elle descendait. ....
- Il sait tout. ....
- Il a soulevé le nid. ....
- Elle frissonnait. ....

2 **-eil, -iel ou -euil ? Complète ces mots avec -eil, -iel ou -euil.**

- J'ai vu un chevr.......... et un bouvr.......... dans les bois. • Les f..........les des

arbres tombent. • Le chèvref..........le a un parfum extraordinaire. • Le sol..........

se cache. • Dans le c.........., l'arc-en-c.......... se laisse admirer un moment.

Lis les mots à haute voix pour t'aider à trouver la bonne réponse.

3 **Les mots difficiles. Complète le texte avec les mots suivants :**
regarder – déposer – aurait dit – fallait songer – longtemps – écureuil – reprendre.

C'était la première fois que je voyais un .... J'étais resté

.... immobile à attendre qu'il vienne. Il était enfin là.

Qu'il était beau à .... ! J'aurais aimé l'emporter pour le

.... dans mon propre jardin. Mais la nuit tombait.

Il .... à .... bientôt le chemin du retour.

Quel dommage ! On .... que cet animal n'était pas sauvage,

mais doux et gentil.

DICTÉE PRÉPARÉE ## L'écureuil

> Combien de temps sommes-nous restés à regarder l'écureuil ?
> Je ne sais plus, mais longtemps, car le soir descendait
> insensiblement. On aurait dit que la nuit montait.
> On pourrait bientôt voir des formes étranges.
> J'ai remarqué que Sylvie frissonnait. Il faudrait songer
> au retour, à reprendre le manteau. Avec mille précautions,
> j'ai soulevé l'écureuil pour le déposer sur la mousse.
>
> D'après **Maurice Genevoix**, *Routes de l'aventure*, Éd. Presses de la Cité.

CONSEILS PARENTS

Avant de dicter le texte, demandez à votre enfant comment il écrira : sommes-nous restés, je ne sais, mais aussi écureuil, descendait, songer, mille.

4 **Le participe passé. Complète ces phrases avec le participe passé du verbe** rester.

- Combien de temps suis-je .... ? se demanda-t-elle.

- Combien de temps sommes-nous .... ? se demandèrent Julie et Léa.

- Combien de temps êtes-vous .... là, Charles et Lisa ?

Souviens-toi que l'accord du participe passé se fait avec le sujet quand le verbe est conjugué avec l'auxiliaire **être**. Pour le trouver, pose la question : qui est-ce qui est resté ?

5 **Les temps du passé. Mets ces verbes aux temps demandés.**

Cela (*se passer, imparfait*) .... il y a plus de trois mille ans.

Le roi d'Égypte (*retenir, imparfait*) .... prisonnier le peuple

de Moïse. Pourtant, celui-ci (*réussir, passé simple*) ....

à s'enfuir. Le roi (*envoyer, passé simple*) .... alors ses cavaliers

à la poursuite de Moïse. Or, bientôt, ils (*arriver, passé simple*) ....

devant la mer et, miracle, elle (*s'ouvrir, passé simple*) ....

devant Moïse et engloutit les armées du roi.

Et maintenant, fais-toi dicter le texte ci-dessous.

DICTÉE NON PRÉPARÉE ## Robin des Bois

> M'aimerait-elle si je n'étais qu'un voleur ?
> et aux enfants. Mais j'aime une riche et belle demoiselle.
> les riches et le roi. Je donnerais l'or et l'argent aux pauvres
> Avec mes amis, mes compagnons, j'irais dans les villes voler
> Je serais grand, blond et beau et j'aurais plusieurs chevaux.
> Si j'étais Robin des Bois, je vivrais dans une forêt sauvage.

Renseigne-toi sur la légende de Robin des Bois. Que faisait-il ?

Corrigés p. 7

Plus d'exercices et de conseils sur www.hatier-entrainement.com

23 Préparation à la dictée

JE COMPRENDS

▶ **Les présents de l'indicatif et de l'impératif** Regarde !

REGARDER		VOIR	
Indicatif présent	**Impératif présent**	**Indicatif présent**	**Impératif présent**
je regard**e**		je voi**s**	
tu regard**es**	regard**e** !	tu voi**s**	voi**s** !
il (elle) regard**e**		il (elle) voi**t**	
nous regard**ons**	regard**ons** !	nous voy**ons**	voy**ons** !
vous regard**ez**	regard**ez** !	vous voy**ez**	voy**ez** !
ils (elles) regard**ent**		ils (elles) voi**ent**	

Apprends par cœur les conjugaisons de ces verbes puis récite-les.

▶ **L'accord de l'adjectif qualificatif (3)**
L'adjectif qualificatif **s'accorde avec le nom auquel il se rapporte**.

un **gros** hibou **gris** – une **grosse** chouette **grise**

CONSEILS PARENTS
*La difficulté de l'impératif pour les verbes en -er vient de la 2e personne du singulier. On écrit : Tu regarde**s** au mode indicatif, mais Regarde ! à l'impératif. Nous reviendrons sur cette leçon en CM2. En attendant, demandez à votre enfant de réviser toutes les conjugaisons de ce cahier, pour consolider ses connaissances.*

1 **Le présent de l'indicatif. Écris les verbes au présent de l'indicatif.**

● Je (*vouloir*) .... devenir magicien. ● Tu (*vouloir*) .... avoir des

pouvoirs extraordinaires ? ● Je (*aller*) .... te montrer les tours de magie

que je (*connaître*) .... ● Je (*être*) .... d'accord !

2 **Le présent de l'impératif. Mets les verbes au présent de l'impératif.**

● Tu regardes. .... ● Tu t'approches. ....

● Tu m'emportes. .... ● Nous partons. ....

3 **Le pluriel. Mets ces groupes de mots au pluriel.**

● l'herbe du champ → ....

● une fourmi laide et noire → ....

● le ciel bleu → ....

● ton aile → ....

N'oublie pas qu'à **l'impératif**, à la 2e personne du singulier, les verbes en -**er** se terminent par -**e** : *Écoute ! Parle !*

4 **Les mots difficiles. Complète le texte avec les mots suivants :**
horizon – bel oiseau – luis – maintenant.

Le soleil luit le jour ; moi, je ne .... que la nuit, dit le ver luisant.

Quand je lève la tête, je peux à peine apercevoir l'................... .

Ah ! si je pouvais .... être transformé en un .... !

DICTÉE PRÉPARÉE   # Le ver luisant

— Je veux une autre vie ! soupirait le ver luisant. Ici, je n'ai pour horizon que les herbes des champs et je ne vois que des fourmis laides et noires. Approche-toi de moi, bel oiseau qui vole dans le vent ! Emporte-moi vers le soleil, vers la lumière !

Regarde ! Les cieux sont si bleus ! Maintenant, comme tous mes frères les vers luisants, je ne luis que la nuit, je ne suis qu'une étoile de terre. Tu peux réaliser mon rêve ! Prends-moi sur tes ailes et partons !

CONSEILS PARENTS

Demandez à votre enfant pourquoi le ver luisant soupire. De quoi se plaint-il ? À travers les dictées de ce cahier, votre enfant a vu toutes les conjugaisons du programme et il a appris à écrire de nombreux mots. Encouragez-le : il a déjà fait beaucoup de progrès.

5 **L'accentuation. Ajoute les accents qui manquent.**

● un reve ● une etoile ● a present ● mon frere ● realiser ● la lumiere

6 **La ponctuation et les majuscules.**
Ajoute la ponctuation et les majuscules nécessaires.

regarde quoi il y a dix vingt trente bateaux qui se dirigent vers le port oui je sais c'est une course de voiliers mon frère aîné est l'un des concurrents comme il est le meilleur il va sûrement gagner

7 **Les adjectifs qualificatifs.**
Mets les adjectifs qualificatifs au féminin pluriel.

● un coquelicot rouge → des roses .... ● un bateau blanc → des

voiles .... ● un sorcier très laid et très méchant → des sorcières très

.... et très .... ● un bel elfe souriant et gentil

→ une .... fée .... et ....

Lorsque tu écris, n'oublie pas la **ponctuation** et les **majuscules** : elles sont importantes pour bien se faire comprendre !

Et maintenant, fais-toi dicter le texte ci-dessous.

DICTÉE NON PRÉPARÉE   # Le chanteur

[texte imprimé à l'envers]

Si j'étais navigateur, je ferais voile sur la mer, mais si j'étais docteur, je guérirais les hommes de la peur.

Si j'étais historien, j'écrirais l'histoire de demain, mais si j'étais chercheur, je remonterais le temps sans fin.

Si j'étais un ange blanc, je volerais au secours des enfants, mais lorsque je suis chanteur, je chante pour eux de tout mon cœur.

Corrigés p. 8

Plus d'exercices et de conseils sur www.hatier-entrainement.com

Bilan

1 Le passé composé
Écris les verbes au passé composé.
Compte 2 points par bonne réponse.

- Je pars. → Je ....

- Nous allons nous promener. → Nous ....

- Je fais un gâteau. → J'.. .

- Ils sont heureux. → Ils ....

- On joue à chat perché. → On ....

Note.........../ 10

2 ce **ou** se, c' **ou** s' ?
Complète en utilisant ce **ou** se, c' **ou** s'.
Compte 1 point par bonne réponse.

- Est-........ que .... chat et .... chien sont à toi ?

- La fusée ....élance dans l'espace.

- Les enfants .... mettent en rangs.

- D'habitude, il .... lève à sept heures mais, ... matin, il ne ....est réveillé

qu'à neuf heures.

- Demain, ...est dimanche.

- On ....en va ?

Note........./ 10

3 Dictée préparée
Complète par -er **ou** -é.
Puis demande à quelqu'un de te dicter le texte.
Compte 1 point par bonne réponse.

Mon chien s'est sauv..... encore une fois. Je n'ai pas pu le rattrap..... .

Il a saut....... par-dessus les haies et les fossés. Où s'en est-il allé ? Chasser ?

Ou bien retrouv....... son ancien maître ? La dernière fois qu'il s'est échapp.......,

on l'a retrouv......., très fatigu......., trois jours après sa disparition, rôdant

en bordure de la forêt. Quelqu'un nous l'a ramen........ Mais aujourd'hui, où all.......

le cherch....... ?

Note (préparation)
................/ 10
Note (dictée)
................/ 10

62

5

4 Dictée non préparée
Verbes à l'imparfait

La France en 1788

Si tous les Français avaient tous les jours du pain,
si les écrivains pouvaient écrire librement,
si on ne brûlait pas les livres parlant de révolution,
si le peuple était heureux,
si les grands donnaient un peu de l'or qu'ils ont,
si le roi s'occupait mieux de son pays,
quel beau pays serait la France !

D'après *Histoire CM*, Éd. Hatier.

Note . . . . / 10

5 Dictée non préparée
Les verbes à l'imparfait et au futur

La loterie

Les caisses de la France étaient vides.
— Comment faire, se demandait Louis XVI pour avoir
de l'argent ?
Et si j'inventais un jeu ? Voilà. On mettra une petite pièce
dans une machine et la roue de la fortune tournera.
Beaucoup de joueurs gagneront : ils seront contents.
Beaucoup plus perdront : ils ne seront pas contents.
Tant pis ! La France a besoin d'argent !

D'après *Histoire CM*, « Institution de la Loterie nationale », Éd. Hatier.

Note . . . . / 10

Corrigés p. 8

Plus d'exercices
et de conseils sur
www.hatier-entrainement.com

Mémo Chouette

1er groupe	2e groupe	3e groupe

PRÉSENT

Passer	**Réfléchir**	**Atteindre**
je passe	je réfléchis	j'atteins
tu passes	tu réfléchis	tu atteins
il/elle passe	il/elle réfléchit	il/elle atteint
nous passons	nous réfléchissons	nous atteignons
vous passez	vous réfléchissez	vous atteignez
ils/elles passent	ils/elles réfléchissent	ils/elles atteignent

IMPARFAIT

Manger	**Bâtir**	**Mettre**
je mangeais	je bâtissais	je mettais
tu mangeais	tu bâtissais	tu mettais
il/elle mangeait	il/elle bâtissait	il/elle mettait
nous mangions	nous bâtissions	nous mettions
vous mangiez	vous bâtissiez	vous mettiez
ils/elles mangeaient	ils/elles bâtissaient	ils/elles mettaient

FUTUR

Penser ✗	**Fournir** ✗	**Devoir** ✗
je penserai	je fournirai	je devrai
tu penseras	tu fourniras	tu devras
il/elle pensera	il/elle fournira	il/elle devra
nous penserons	nous fournirons	nous devrons
vous penserez	vous fournirez	vous devrez
ils/elles penseront	ils/elles fourniront	ils/elles devront